商用区块链

区块链如何使企业转型、壮大并创造出新型商业模式

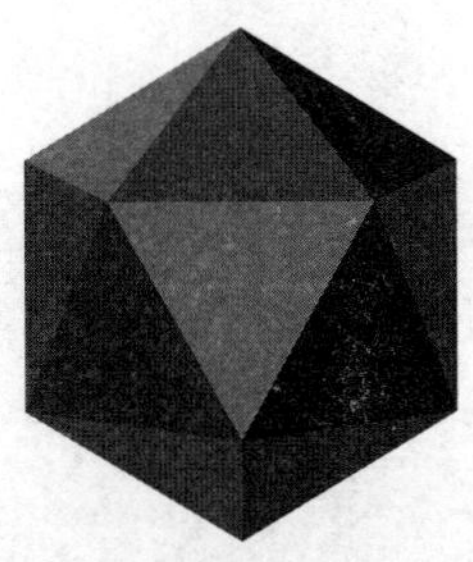

BLOCKCHAIN FOR BUSINESS

〔美〕贾伊·辛格·艾冉 JAI SINGH ARUN ◎著 | 〔美〕杰里·科莫 JERRY CUOMO ◎著 | 〔美〕尼丁·高尔 NITIN GAUR ◎著 | 薛亮 凌珊 ◎译

中国出版集团 现代出版社

赞　誉

过去几年里，关于区块链的文章已经数不胜数，比如：它到底是什么（详细程度不一），以及这一技术对于公司、行业和经济会带来哪些长期战略价值。然而我们所缺少的是如何创建、实施和运营一套基于区块链的解决方案所需的实用的、可操作的具体步骤。本书填补了这一空白。对于任何已经准备好投入区块链领域并开始利用这项重要技术的人，这本书都是一个宝贵的工具。

大多数新技术都是一家家企业逐步来实施的。区块链却不同。当区块链在由多个紧密相关的企业所构成的一个商业生态系统（比如一套供应链）中实施时，它的价值会更为突出。《商用区块链》这本书详细论述了组成及管理这样一套生态系统所需要的各方面内容，包括最终会决定是否应该加入这一系统的那些技术问题和商业模式，以及令这个系统顺利、高效运转所需要的管理方式。它也深入地讲解了成功建立、运营区块链结构和应用所需要的技术专长和管理岗位。

对于任何已经准备好投入区块链领域并开始利用这项重要技术的人，这本书都是一个宝贵的工具。

——艾尔文·沃拉达斯基－伯格（Irving Wladawsky-Berger），麻省理工学院研究院研究员；《华尔街日报》旗下《CIO》杂志专栏作家；IBM 公司前副总裁

贾伊、杰里和尼丁的这本指南书，补上了区块链和加密货币的宣传与利用区块链技术改造企业的实际操作之间的空白，《商用区块链》充分利用了作者们第一手的经验和洞见，为企业和技术领导人提供了一整套实用的手段，使他们能够利用成熟的技术成功地实施令所有参与者都信任的、高透明度的区块链项目。

——玛丽·威克（Marie Wieck），IBM 公司区块链总经理

来了解如何充分利用信任机制所带来的威力吧。本书为那些想要在商业环境中实施区块链解决方案的人提供了极其丰富的资源和工具。对于企业高管来说这是一本必读书。

——佩里安·宝盈（Perianne Boring），数字商会创建人及总裁

贾伊、杰里和尼丁干得漂亮！《商用区块链》解决了商业领导人试图回答的关键问题：我的企业如何从区块链中获得真实的、可度量的收益？对于商业和技术领导人来说，这本书是

一个实用的指南，可以帮助他们认清区块链技术通过提供新的增长机会、可持续的竞争优势、节省时间、削减成本、化解风险而带来的商业价值，将区块链转化为商业成果。

——D. 基恩·皮格斯（D. Keith Pigues），光明战略公司（Luminas Strategy）创始人及 CEO，《与客户共赢》一书的合著者

对于想要了解区块链可以如何改进企业流程的高管而言，《商用区块链》是一本必读书。贾伊、杰里和尼丁全面论述了企业领导人在确定正确范围、选择最佳技术、建立适当商业模式和管理结构方面应该采取的关键步骤。

——阿尔温德·克里希纳（Arvind Krishna），IBM 公司研究所主任，混合云部门高级副总裁

谨以此书献给

我的父母沙鲁派·德威和胡思雅·拉姆，他们使我得以生存在这个世界上。我的兄弟姐妹以我为荣并激励我；我亲爱的瓦尔沙尔用爱来强化我的心灵，启迪我的智慧；我的女儿沙驰和儿子日惹，每天都为我带来欢乐。

同时纪念我的兄弟奥姆普拉卡什·艾冉先生（1968—2013）；我的天使姐姐芭比塔·艾冉女士（1988—2016）；我尊敬的岳父钱德拉·梅叶卡先生（1943—2016）。

——贾伊·辛格·艾冉

我亲爱的斯蒂芬。我们俩是自从列侬和麦卡特尼以来最多产的作家。

——杰里·科莫

我的父母，因为他们无条件的爱；我的妻子日图，她无条件地支持我；还有我的儿子尼尔，他每天都在激励着我。

——尼丁·高尔

目　录

序

我很高兴能为《商用区块链》这本深思熟虑而又极其实用的书做一些背景介绍。

当我和艾利克斯·塔普斯科特（Alex Tapscott）在 2016 年写出《区块链基础》（*Blockchain Revolution*）这部书的初版时，我们把区块链的特征定义为从事价值交易的一个平台。我们解释说，在过去接近四十年的时间里，我们拥有了信息的互联网。它极大地促进了公司人员内部以及不同公司和人员之间的数据流动，但它没能改变公司的深层结构。这是因为互联网的设计初衷是把信息从一个人传给另一个人。它不是用来解决密码学家大卫·乔姆（David Chaum）所说的"双重支付问题"的。这个问题指的是一笔数字货币在网上被花在了两个地方。[①]

如今我们第一次拥有了确定价值的原生数字媒介。通过这种媒介我们可以在两方之间安全、私密地转移资产——无论是

---

① 大卫·乔姆:《不可追查的支付所用的盲签》，载于《密码学的进步：加密货币会议录》（1982 年 1 月），第 199–203 页。

金钱、音乐、选票或知识产权。

这种信任不是通过银行或政府之类的中间机构，而是通过加密技术、协作和灵巧的程序代码来实现的。

在我们那部书成功的基础之上，我和艾利克斯成立了区块链研究所（BRI）。这是一家智库，专注于研究区块链应用实例，以及推动企业内进一步试验和变革所需的领导力。我们的成员越来越多，包括全球性公司、政府、非营利组织，还有区块链初创社区的一些成员。

IBM 公司的首席执行官罗睿兰（Ginni Rometty）很早就认识到了区块链技术的变革性潜力，IBM 公司也因此成为 BRI 的创始成员之一。本书的作者之一吉那罗·杰里·科莫（Gennaro Jerry Cuomo）在 2017 年秋天出席了 BRI 首次全体成员峰会的开幕研讨会。他的发言令现场出席的企业高管获益匪浅。从那以后，我们的项目扩展到了近一百个，包括十个行业的垂直集团和九个首席高管角色，涉及公私各类部门。IBM 公司一直是活跃的成员，乐于分享其团队与沃尔玛和布鲁克林烤肉公司在食品可追溯性方面，以及与马士基（Maersk）公司在全球航运数字化方面，与联合利华公司在跟踪数字广告购买情况方面的合作经验。①

① 拉史马·卡马斯（Reshma Kamath）:《食品在区块链中的可追溯性：沃尔玛与 IBM 用猪肉和杧果所做的试点工作》,《英国区块链协会会刊》（2018 年 6 月 12 日）。（转下页）

将这些共同的经验融合之后，就会产生一些类似的思考。这大概就是为什么贾伊·辛格·艾冉、杰里·科莫和尼丁·高尔的这本《商用区块链》会引起我们极大共鸣的原因，而且在我看来，这本书非常切题。

数字身份：在《商用区块链》这本书里，贾伊、杰里和尼丁自始至终非常强调数字身份。实际上，贾伊是本领域内的领军人物之一，他是 IBM 公司一部重要专著的合作者之一。那部专著的书名是《相信我：区块链中的数字身份》[①]。这个观念很重要，它也是《区块链革命》一书的主要话题之一。我和艾利克斯强调了“自我主权身份”的必要性，使用区块链作为确认我们身份的一种手段，并在任何情况下无须第三方即可保证我们的身份。我们讨论了去中心化身份基金会（DIF）的工作，IBM 是这个联盟的成员之一。DIF 的成立是为了将“去中心化的身份、区块链标识和可普遍发现的零信任数据商店”相结合。[②] 其工作组专注于三大领域：标识符和发现、数据存储和

（接上页）IBM 公司与布鲁克林烤肉公司：《从农场到饭碗》，《区块链豆》，2017 年 5 月 1 日。

拉里·迪南（Larry Dignan）：《联合利华力争对数字广告获得更高透明度：计划与 IBM 公司开展区块链试点》，ZDNet，2018 年 2 月 12 日。

尼克·诺里斯（Nicky Morris）：《马士基与 IBM 公司完成了供应链区块链试点工作》，《账目探讨》，2018 年 8 月 9 日。

① 贾伊·辛格·艾冉与亚历山大·卡密卡尔（Alexander Carmichael）：《相信我：区块链中的数字身份》，IBM 商业价值研究所，2017 年 4 月。

② 身份基金会：《去中心化身份基金会》，无出版日期，身份基金会。

计算，以及认证和声誉，并着眼于开发用例和标准。① IBM 为这些努力做出了很大贡献，与 ATB Financial、Evernym、Sovrin 基金会和 Workday 合作开发可验证凭证，并与 Secure Key Technologies 合作开发了一个新的数字身份和属性共享网络方面的移动应用程序，另外还有众多合作项目。②

机遇与挑战：在区块链迄今为止所取得的成功中，有关各方协同合作把障碍转化成机遇的努力是最重要的因素。企业高管们需要理解很多方面的内容，比如：法规方面的不确定性，工作量证明（proof-of-work）共识机制所消耗的电力规模，在中、俄等国政府对个人使用加密货币的限制。以及对区块链技术可能导致工作岗位消失的恐惧，等等。

我们以前简要提到过这些问题，我们很欣赏本书作者们对这些问题所做的深入探讨。

商业模式：区块链的商业模式基本上就是去中心化的网络，因此它也受网络效应的影响，比如当节点增加时，商业模式的规模也会相应增加。贾伊、杰里和尼丁描述了四种重要的

---

① 身份基金会：《工作组》，无出版日期，身份基金会。

② 丹·吉索尔菲（Dan Gisolfi）：《去中心化的身份：取代基于口令的认证》，载于《摆脱桎梏的区块链：IBM 区块链 BLOG》，IBM 公司，2018 年 10 月日。

亚当·君特（Adam Gunther）：《合作：通过区块链解放去中心化的数字身份管理》，载于《摆脱桎梏的区块链：IBM 区块链 BLOG》，IBM 公司，2018 年 4 月 4 日。

商业模式：发起人牵头的网络、合资企业、联盟式网络，以及商业生态系统。他们给出了从试点项目推广到企业集成的四个步骤。这个过程非常实用。

管理结构：区块链领域充满了正式的和非正式的领导人。有些人从一开始就担任高管角色，无论是在初创企业、区块链联盟，还是监管机构中。而另外一些人则有着超众的、影响广泛的远见和才干。我们曾深入阐述过管理网络的必要性——这是由在标准开发、政策指导、社群倡导、知识及教育等诸多领域中的参与者所组成的网络。贾伊、杰里和尼丁非常明智地利用一些实用的术语解释了这些问题，比如有许可区块链和非许可区块链、对于协议以及其上运行的应用的链上管理和链下管理。随着时间的推移，这些问题对于系统的扩展、交互操作和危机管理都会变得十分重要。

团队建设：这是企业区块链试点项目的关键环节。IBM 在这个领域中拥有极其丰富的经验，他们擅长从公司内部各部门抽调人员组成新的团队，跨行业、跨国境地开展工作。本书的作者们为如何挑选合适人选组成团队，然后高效地管理项目提供了一套指南，从而使得企业可以获得成功，并能从失败中吸取教训。

财务模式：金融服务业已经变得有点像鲁布·戈德堡机械式的复杂系统。它可以完成八个基本功能：确认身份、转移支付、保存储蓄、提供贷款、资产交易、资本投资、资产保险与风险管理，以及会计工作。运行在分布式账本基础上的智能合同和分布式应用在上述八个领域中都对现有的系统形成了挑战。首次代币发行（ICO）已经对风险投资带来了颠覆。反过来，如果现有系统采纳区块链技术，它们会把自己的业务变得更好。IBM 正与美国国际集团（AIG）直接合作，为标准渣打银行开发一套智能多国保险系统，它还和蒙特利尔银行（Bank of Montreal）、凯克萨银行（CaixaBank）、德国商业银行（Commerzbank）、奥地利第一储蓄银行（Erste Group）、瑞银集团（UBS）合作，为其开发名为巴达维亚（Batavia）的国际贸易金融平台。①

贾伊、杰里和尼丁为构建企业区块链战略提供了一个优秀的蓝图，它包括找出合适的用例、如何带来收入的增长，以及确立竞争中的优势。我们同意，企业领导人现在应该开始动手了，而《商用区块链》这本书可以让他们有章可循。

——唐·塔普斯科特（Don Tapscott），区块链研究所联合创始人及执行总裁，《区块链革命》作者

---

① 苏珊·巴琳（Suzanne Barlyn）:《AIG 与 IBM 联手利用区块链开发“智能保险政策”》，路透社，2017 年 6 月 15 日。

吉尤里奥·普利斯科（Giulio Prisco）:《IBM 与五家国际银行为贸易融资开发基于区块链的平台试点》，NASDAQ.com，2018 年 4 月 26 日。

前　言

由于区块链可以通过分布式、去中心化的方式彻底改变商业模式和流程，它对很多企业来说都是一项变革性的技术。然而许多商业和技术领导人却可能忽略了它对于他们的企业和行业所具有的潜在用途和价值，或者把它主要和比特币及加密货币类应用画上了等号。

虽然区块链确实是支撑着比特币的基础性技术，但它的应用范围远远超过金融世界，在其他很多行业都有实用案例，也可以创造出令人信服的价值。可是对于区块链在加密货币领域之外的企业应用案例，人们所了解的并不多。由于种种原因，利用区块链来改造商业模式所带来的创新潜力也不为人所熟知。由商业驱动的技术应用需要在实用性和对商业成果的预见性之间达成平衡。

本书的目标读者是谁

关于区块链技术潜力的高层次论述，或者关于区块链如何实施、如何编程的技术性深入探讨，目前市面上已经有很多优秀的书籍。

然而本书的主要目的是填补高层次概念和技术细节之间的断层。

本书为那些需要了解和评估区块链技术能怎样改造其企业的商业流程和模式的领导人提供了一个实用的指南。它从商业角度提供了一个关于区块链技术及其能力和价值的简明实用的概述。它描述了真实世界中的各种范例和实施方案，包括在具体某行业中的案例以及跨行业的案例。此外，它还为领导者提供了一些建议，可供他们在去中心化或混合型企业及生态系统中确定潜在商业模式和管理结构、建立团队时使用，也有助于他们了解各项成本和投资回报。本书还厘清了区块链的演化进程和技术现状，并论述了领导者应做好哪些准备，以充分利用新兴的技术能力。

对于很多尚不清楚如何利用区块链技术改造企业的领导者来说，可以先从找到一个合适的商业案例入手，然后确定商业模式和管理结构，建立起一个团队，再决定成本、投资回报和财务结构。本书通过提供一套能结合起区块链技术和商业的整体观点，为商业和技术领导人一一解决上述问题。

本书讨论了哪些内容

我们的目标是涵盖你需要了解的所有关键话题，从而使你在评估和实施区块链技术时可以轻松地为你的企业带来积极的影响，即便你已经对基本概念比较熟悉了。本书开始的几章还是会进一步加深你对重要概念的理解，并探讨一些通用的案例。随着学习的进一步深入，你会系统性地接触到具体的步骤和细节，它们可以令你的企业成功地实施区块链解决方案。

不过，你尽可以跳过一些内容而去直接阅读跟你现在的职责更为相关、更能回答你最迫切问题的章节。根据你的经验水平或岗位职责，你也会在各章中找到一些可供你做进一步研究的资料介绍，从而弥补某些空白或提供更多的细节。

第一章：区块链简介

第一章中的介绍性内容为区块链技术提供了几个关键的视角，从而使领导人认识到它的理念，并真正理解企业区块链的概念和潜能。你会明白为什么区块链对于你的企业很重要。你也会了解本领域的先行者们的情况及所应关注的关键方面，包括如何为你的区块链项目谨慎地选择一个范围，如何鼓励区块链商业网络的参与者并确保管理到位。本章也分享了区块链应用在社会公益方面的一些变革性范例，并提供了关于区块链技术的若干最常被问到的问题与答案。

第二章：机遇和挑战

你也许想知道，当落实一个区块链网络时，你会面临哪些机遇和挑战。第二章探讨的就是这些话题，它包括区块链会如何应用于你所在的行业，以及如何实现你的商业目标。它论述了区块链技术的颠覆性元素如何对传统的企业结构、商业模式和生态系统带来变革。这些元素也会为很多行业从根本上创造出无限的创新机会，并挑战现状。决定一个区块链项目是否成功的关键挑战不是技术本身，而是这个项目的应用范围、激励机制和管理结构。

第三章：了解技术形势

第三章解释了目前区块链技术的总体形势，分析了企业（有许可）区块链与公共（无许可）区块链之间的信任差别。企业区块链设计和区块链集成会影响到实施解决方案的成本和应用系统的寿命。对于任何区块链网络来说，经济效益都是一个重要的组成因素。在评估加密资产和确保区块链驱动的商业网络可以长久可持续发展方面，这一特点尤其重要。

第四章：关于商业模式

当你准备好在你的企业中引入区块链后，为你所从事的业务和行业选择正确的商业模式和技术模式就变得十分重要。你应该选择一个可以因加入区块链网络而产生经济效益的模式，比如，它可以带来比你单打独斗所产生的价值更多。一个正确的模式也会有助于你克服区块链所产生的破坏性力量。如果你希望在这个新的经济范式下进行竞争，这一点则至关重要。第四章论述了几种可供你选择的商业模式，包括合资企业、企业联盟、新公司、商业生态系统、建设—拥有—经营（BOO）型（即创始人为主型）网络，以及建设—拥有—经营—转让（BOOT）型（即创始联盟为主型）网络。

第五章：搞定区块链网络的管理结构

到现在为止你已经选好了区块链网络的模式，一切就绪准备开始实施它了。接下来你需要做的第一件事就是建立起一个管理结构，这会确保你和你生态系统中的合作伙伴们对区块链网络拥有一个共同的愿景和目标。当管理结构形成之后，生态系统中的合作伙伴们就会知道他们的区块链网络将会被如何管理。

第五章论述了如何建立起管理结构。它涉及不同行业的具体需求，以及如何确保商业模式和技术蓝图之间形成紧密联系。通过采取一套共同的管理结构，所有的参与者会保持共同的目标、公平及平等地利用网络资源，并遵守共同的办事原则。

第六章：建立起推动区块链项目的团队

为了推动你的区块链网络建设，你必须召集起很多来自不同方面的人员组成一个团队。建立起一个区块链项目需要企业级的角色，比如发起人、成员、运营者和用户，还有其他角色，比如指导委员会成员、项目经理、区块链顾问、工程师等。从每一个企业中选出其最优秀者来建设区块链网络的做法被称作“企业内协同”。利用这个概念，你可以让区块链网络中的每一个参与者都有能力去中心化地行使权力，并自主运用他们的技能组成一个更广泛的网络。第六章详细论述了这个概念及其众多组成部分。

第七章：理解财务模型、投资规则和模式风险框架

至此你可能已经猜出来了，围绕着区块链的技术复杂性存在着很多挑战。这些挑战中的一个就是目前存在的各种各样的财务模式、投资规则和框架（即目标是使区块链网络以最高效率扩张的结构）。那么你应该选择哪种呢？第七章会帮助你做出这个选择。第七章给出的指导，会有助于你在各个层面上确保资源得以有条理地、可量化地、可评测地部署下去，同时有效地管理风险。如果做到了将实施策略、商业设计、财务规则、治理—风险—合规（GRC）框架正确地组合在一起，再加上拥有技术敏锐度和恰当的人才，那么一个由区块链驱动的商业网络会给行业和企业带来颠覆性的变革和巨大的利润。

第八章：前景展望：未来将如何发展

作为去中心化经济中的网络核心，区块链技术的演化会越来越势不可当。第八章会为你应对这样的未来奠定基础。你

会了解到区块链技术所涉及的各种关联技术，包括人工智能（AI）、物联网（IOT）、量子计算等，以及所有这些交互联系可以如何为你的企业带来价值。此外，第八章还从未来的角度，为你在一些关键方面做好准备提出了建议。

致 谢

在市场上发现当前区块链书籍中的空白是一项激励人心的工作，但是用真正务实和商业价值的观点填补这种空白则是一项非常艰巨的任务。然而，凭借集体智慧、超过七十年的技术和业务领导经验、十年的区块链技术专业知识以及我们三个人之间数千次的客户互动，这次考察绝对是天道酬勤的和令人鼓舞的。

写书是一个旅程，在这段旅程中，有许多人直接或间接地帮助作者到达目的地。我们非常幸运，也衷心感谢拥有如此支持、鼓励我们的庞大群体，其中包括我们的家人、同事以及编辑和出版团队的成员，他们的热情帮助使这一旅程非常顺利。

首先，我们衷心感谢培生专业且出色的出版团队和我们的执行编辑格雷戈里・多恩奇，他是一个非常棒的合作伙伴，很高兴与他合作，使我们的整个写作过程非常顺利并及时完成了全部书稿。

其次，我们要感谢许多在整个过程中都提供了出色帮助的同事，其中包括 IBM 市场服务部门（以前是 IBM 出版社）的史蒂文・斯坦塞尔，他带领我们完成了整个书籍的编写过程，审查并完善了最初的书籍提案，来自IBM红皮书编辑团队的韦德·华莱士是我们的第一任编辑，他对语言进行了润色，发现了语法错误并填补了信息空白，然后再将其移交给培生团队。来自IBM区块链营销的科尔比·墨菲，他给我们提供了营销支持，尤其是在展望未来和期货内容方面；来自IBM区块链营销的提姆·里切尔和史蒂芬·米科拉扎克，他们提供了总体流程方面的支持，以确保内容的完整性并使其符合营销和法律的准则；来自杰瑞团队的彼得·里斯，他在任务布置、时间和资源安排上给予我们帮助；来自IBM区块链设计团队的肖恩·林奇，负责创意书的封面设计；来自IBM区块链设计团队的史蒂芬·金负责设计咨询。我们特别感谢区块链IBM总经理玛丽·威克的大力支持，使我们能够与培生团队合作撰写本书，她还提供了早期的书评和评论引述。同时还要特别感谢混合云高级副总裁，IBM研究中心主任，IBM区块链技术的创始负责人阿尔温德·克利希那，感谢他在此领域的宝贵指导和领导，以及他早期的书评和评论引述。

最后，我们非常感谢以下人员：唐·塔普斯科特，思想领袖，《区块链革命》的作者，对稿件进行了公正的评论，并欣然撰写了序言；艾尔文·沃拉达斯基－伯格博士，麻省理工学院技术领导和助理研究员；《华尔街日报》旗下《首席信息官杂志》专栏作家；IBM名誉副总裁坦诚地审阅了稿件，并提供了真诚而引人注目的引述。感谢冷光战略首席执行官兼创始人兼《与客户共赢：一部 B2B 剧本》合著者基思·皮格斯博士，他提供了有关简化内容、着重于为受众创造价值、审阅稿件和撰写评论引述等工具性和建设性方面的指南。感谢数字商会创始人兼总裁佩里安·宝盈，她致力于通过教育和倡导促进对区块链技术的接受以及与政府、私人组织、决策者、监管机构和行业紧密合作——她是全球区块链社区的好朋友和领导者，曾帮助我们进行手稿审查并及时提供了评论引述。

最重要的是，贾伊衷心感谢他贤惠的妻子瓦尔沙尔。她是一个真正有灵感的人，激发了他的思想火花，并鼓励他写这本书。在思科系统公司担任信息隐私和安全高级计划经理的全职工作期间，她承担了几个月的双重职责，照顾家里的一切：晚上带两个小孩上学、参加俱乐部和体育活动，周末独自包揽两个小孩所有的钢琴、舞蹈、跆拳道和绘画班培训，以及足球、篮球和排球练习和比赛的接送工作。亲爱的，非常感谢你。贾伊谨对他的女儿沙驰和他的儿子日惹的理解表示感谢，感谢他们让作为父亲的他花了很多时间写这本书，却错过了许多他们的美好时刻。而且，贾伊永远感激他的父亲沙鲁派·德威、母亲胡思雅·拉姆、岳母奇特拉·梅耶卡，他们在此期间每隔一天就从印度给他打一次电话，询问他的健康状况，并祝福他。贾伊和瓦尔沙尔的印度兄弟姐妹——苏奇塔、拉梅什、艾米、韦杰、苏尼塔、阿妮塔和薇妮塔一直给予他大力支持和鼓励。

当然，除了贾伊的家人之外，没有他的合著者们也不可能完成这本书。他非常享受与他们一起的难忘的写书过程，并衷心感谢杰里的非凡领导才能和技术眼光。他感谢尼丁在数百次与客户互动中为本书关键主题带来的独到见解和真正平衡。最后，他欣赏并感谢包括布鲁斯·霍克斯、温克特·拉加万和桑杰·特里帕蒂在内的管理团队的直接和间接的鼓励和支持。

受杰里名言的精神感召“区块链是一项团队运动”，杰里想对科莫团队表示感谢：首先感谢他可爱的妻子斯蒂芬；他的父亲和母亲杰罗姆·波普和瑞塔·瑞兹；他的女儿和女婿罗斯·罗勃和克里斯托弗 B.；他的儿子杰纳罗·巴德；他的姐妹斯蒂芬妮·塞斯和安德里亚·阿吉亚；还有他出色的岳父母、姨母、叔叔、侄女、侄子和表兄弟。每个人都帮助塑造杰里的微笑。他感谢小心间隙乐队（阿逸多、巴里、马克和林）原谅了他错过排练。

如果没有他的同事，“区块链杰里”将不是那样。他知道，仅举几个名字，就会让一些人上不了致谢名单，他会因此遇到麻烦，但是至少，他必须感谢一下“IBM 链帮”的现任领导团队，该团队支持他在分类账上获取信息。阿文德 K.、玛丽 W.、布里奇特·凡 K.、拉梅什 G.、布里吉德 M.、詹姆斯 W.、约翰麦·克林、加里 S.、克里希纳 R.、克里斯 F.、沙龙 C.、安东尼 O.、凯瑟琳 H.、马克 P.、彼得 R.、安迪 C.、鲍比 C.、美达、米希尔 S.、大卫 H.、格尔 F.、史蒂夫 K.、蒂姆 R.、艾伦 D.、艾伦 B.、亚当 G.、丹 G.、艾琳 L.、罗博 S.、雷切尔 J.、迈克尔 B、约翰 W.，在此杰瑞特别感谢科尔比·墨菲对其写书的正确方向进行引导。最后，杰里感谢他的合著者贾伊和尼丁，杰里同意帮助编写本书时，他们保证将其视为区块链上的一笔交易，一旦完成提交就无法撤销。这个团队定义了杰里，并让他成为今天的他——他为此深表谢意。

尼丁要感谢他的妻子日图的支持，感谢她处理家务并照顾他们的儿子尼尔。虽然工作和旅行对每个人而言都费神费力，但写书却使这种考验无以复加。正是在这样的时刻，一份提醒和鼓励可以奇迹般地给人带来力量，因此他感谢日图和尼尔在此过程中对他的支持。

此外，他还要感谢他的合著者杰里的指导、领导和支持，杰里在整个过程中引导他，并确保不放过每个细节。他还要感谢 IBM 区块链营销的蒂姆·里切尔的支持，韦德·华莱士的初稿编辑以及培生团队的吉尔的及时编辑和回复。特别感谢培生团队的格雷格·杜恩池对出版过程的指导。

有关作者

贾里·辛格·艾冉是IBM公司战略团队的高级计划总监，致力于在区块链、人工智能和网络安全领域推动IBM研究中心创新产品的战略产品管理和业务发展。他拥有超过二十年的全球跨职能业务和新兴技术领导经验，开发了价值数百万美元的软件、系统和服务业务。

杰里·科莫领导IBM在区块链上的工程和产品计划。他拥有著名的IBM院士头衔，被公认为是IBM软件业务最多产的贡献者之一，其产品和技术深刻地影响了该行业在万维网上进行贸易的方式。

尼丁·高尔是IBM杰出的工程师兼全球总监，主导IBM的全球区块链实验室和服务。他负责战略和开发IBM的数字货币技术和产品，例如稳定币和数字法定货币。他率先提出了IBM的企业区块链战略，并就该技术的使用向IBM决策者、业务合作伙伴和客户提供了建议。

第一章
区块链简介

> 区块链对交易所产生的影响，就如同互联网对信息所产生的影响那样。
>
> ——IBM 首席执行官　罗睿兰（Ginni Rometty）

区块链是一项新技术，它注定要开启新的商业经营方式，让人们的日常生活变得更美好。通过创造出新的增长机会，区块链使各种组织或群体可以获得更好的结果，这种合力的效果要比任何个体成员所能实现的都更为巨大。

区块链使人们可以重新构想这个世界上的很多最基本的商业互动，并为新的尚未成形的数字化互动打开大门。如今在大量削减跨行业的、政府部门的和社会机构的办事成本和复杂度方面，它时时显示着自己的潜力。

听说过区块链的大多数人都把它和加密货币比特币联系在一起。尽管这二者之间确实有联系，但它们的概念其实并不相同。区块链的用途远比在加密货币方面的应用要广泛得多。此外，比特币网络是在无许可的成员原则基础上运作的，有着很大的匿名性，而商业上的有许可区块链网络则是对已知实体进行成员管理。

想要从区块链中获得最大收益，就要在尽可能广泛的跨行业领域中尽可能大范围地使用它。我们已经参与了数百个区块链项目，涉及供应链管理、卫生保健、运输、保险、石化等领域。通过这些实践，我们逐步形成了三个关键理念。

区块链理念

我们认为下面这些理念显示出了区块链的巨大潜力：

• **变革性：**我们相信区块链是一种变革性的技术，可以从根本上改变商业的交互方式。区块链的核心是共享的不可篡改账本。一个区块链网络中的每个成员都保存着一份完全相同的拷贝，并且随着时间推移而不断更新着。一旦一笔交易被记录到链上，它就不能被改动了。随这样一个共享的真相拷贝而来的便是：

- 可以发现全新的增长机会——因为找到了新的可信任商业模式。
- 可以获得可持续的竞争优势——通过新的商业模式参与进一个全新的去中心化的经济中。

- 可以节省时间——因为多方交易可以被立即处理。
- 可以减少成本——因为企业彼此直接交易，可以消除掉中间管理费用。
- 风险得以减轻——因为账本可以用作不会被篡改的审计线索。

• **开放性：** 我们相信区块链必须开放才会鼓励广泛的采用、创新和交互操作。Linux 基金会的 Hyperledger 项目就拥有数百个跨行业的成员，为开发精通商务的区块链软件提供了一个孵化地。

只有开放，区块链才会被企业广泛采用并激发出创新。

• **商业时机已成熟：** 我们相信区块链现在已经为商业应用做好了准备。由 Hyperledger 项目管理的一整套从头开始的全新区块链技术，如今已经可供用来处理企业需求，并为确保良好的企业行为提供一个基础。

企业区块链

区块链的基本概念可以简单地定义为：它是一种共享的、去中心化的、通过加密技术保证安全的、不可篡改的数字化账本。然而，企业区块链为这个定义增加了几个关键属性：

• **问责机制：** 网络中的成员是已知的，由加密的成员密钥鉴定身份，并且根据业务角色的许可获得访问权限。没有这种问责机制，就几乎不可能做到符合《1996 年健康保险可移植性和问责法案》（HIPAA）和《2018 年通用数据保护条例》（GDPR）的要求。

• **隐私性：**虽然成员在网络内是已知的，但每笔交易只限于在那些有必要知道的成员之间共享。企业互联网使用多种技术来实现隐私性，包括点对点连接[1]、隐私通道[2]和零知识证明等。[3]

• **可扩展性：**对于企业应用场景而言，能够支撑海量交易是十分关键的。与类似比特币那样受到流量限制的网络不同，企业区块链内的交易可以被立刻执行。某一个企业的交易率受许多因素影响，包括它的节点数量和智能合约的复杂程度，等等。达到每秒数千笔交易的交易率肯定是可以实现的。[4]

• **安全性：**企业区块链具有容错性。由于有了容错共识算法，即使出现不良行为或粗心大意的错误，网络依然可以保持运作。RAFT[5]就是容错共识算法的一个实例。

• **激励机制：**企业区块链会通过内置的奖励系统来帮助加速其实施速度。你可以把这种动力理解为一种“忠诚度积分”或“代币”，它可以为网络提供商和用户提供某种激励或经济上的奖励。

企业区块链往往被误认为是一种私有网络。实际上，对企业区块链的访问是受管理者控制的，这些管理者制定相关政策，规定新的成员可以如何加入网络。至于网络本身的可见度（公开还是私密）取决于它是如何被管理的。因此，企业区块链确实是许可制的，但它不一定是私有的。

为什么区块链很重要

区块链之所以很重要，是因为没有哪个企业是孤立运作的。多个机构合作可以取得的效果，大于任何一个机构的单打独斗。通过利用一个群体的集体知识来制定业务流程，可以使得这流程实现成数量级的成本效益提升。那些在区块链出现之前不可能实现的新流程现在变得可能了。这可以为很多企业带来新的机遇，创造出新的竞争优势。

例如，美国食品和药物管理局（FDA）最近采用了新的食品标签规定[6]，要求生产商告知公众它们在食品中所添加的糖分。可是一家生产蛋白质棒的公司如何能够确切地知道它所使用的原料中是否含糖呢？——更重要的是，一旦被要求证明时，它怎么能够证明自己的清白？如果它是一个可信任的食品区块链中的一员，而所有原料供应商都在区块链上记录食品信息，那么这个生产蛋白质棒的公司就可以轻易地出示每种原料从产地到销地之间的所有证明。

这种方法既节省时间又节省金钱。

此外，这种区块链还可以用来防止经食品传播的疾病，并可以使成员公司追溯可能导致疾病的有害原料来自哪里。考虑到食品行业必须遵守多种法规（为了保证我们的安全和健康），你很容易就可以想象使用企业区块链在这方面能发挥的重要作用。区块链尤其可以解决下面这些问题：

- **问责机制**：区块链可以让你的企业能够向 FDA 和其他公司验明正身。
- **隐私性**：你的竞争对手不会知道你从哪家供货商那里购买蔗糖以及购买价格是多少。
- **可扩展性**：你可以追溯很多食品记录。
- **安全性**：你必须信任全部信息，对信息的访问必须是有保障的。
- **激励机制**：经济奖励机制给成员贡献数据提供了动力。

开拓先驱

区块链领域的先行者已经动身出发，建立起了投入使用的区块链网络，它们现在正展示出真正的商业价值。让我们来看看下面这些早期的开拓者实例：

- 由 We. Trade 牵头的贸易融资解决方案[7]

- 由 Secure Key 牵头的身份验证（verified.me）解决方案[8]
- 由 CLS 集团牵头的外汇交易解决方案[9]
- 由 True Tickets 牵头的活动售票解决方案[10]
- 由 Car EWallet 牵头的自动驾驶解决方案[11]
- 由 Loyyal 牵头的管理顾客忠诚度的互联网解决方案[12]

以上这些都是真正运行中的应用，不是概念验证性试点。它们都是有着多个成员的生产性系统，每天在不断增加着区块，交换着价值。

发起人

建立这些网络的开创者们有许多共同之处。其中最引人注目的是，在这些解决方案背后，你会发现有着一群充满想象力的个人，他们是典型的支配型联络者人格[13]。比如 Secure Key 公司的格里格·伍尔夫（Greg Wolfond）[14]的性格非常有包容力，能很自然地培养出一种向着共同目标一起努力工作的文化氛围。作为解决方案的牵头人，格里格本人具有技术专家和推销员的典型人格，可以调动其他人的积极性和原动力，投入这个跨机构的解决方案中，为实现“团队可以取得比个体更大成果”的口号而努力。

通过与这些解决方案的发起人紧密合作，并通过考察数百个区块链项目而总结出的趋势，我们认识到了将一个理念变成现实的网络都需要做些什么。具体而言，这些发起人通过对项目范围、激励机制和管理结构的平衡取舍才得以实现那些网络的建设。

项目范围：远大目标，逐步落实

区块链解决方案的发起人都有着远大目标，并且知道逐步落实。他们的目标是充分发挥区块链的变革性力量，但同时也意识到他们的“登月行动”必须要由一个“阿波罗”计划来制定一系列步骤，才能最终将解决方案落实到生产当中去。

开拓型的发起人都同意，一个解决方案的框架必须是由业务驱动的。大多数发起人的目标都是颠覆性的，其结果会开创出一种新型的从事业务的方式。与此同时，他们的最小化可行产品（MVP）目标则更为简单基本，往往只注重向解决方案的成员展示这个颠覆性业务模式的某一个方面，通常可能是侧重在早期对成本的降低上，而不是在开拓新的收入流上。部分发起人不愿意采用“打烂重建”的方式，而是更倾向于在初期保留现有的B2B系统，把颠覆性的账本技术作为一个平行运作的新功能加入现有业务流程之中，这样做的结果就是让流程更多样化，而不是取代现有流程。我们把这种方式称为“影子账本”。

与此相类似，虽然成功的解决方案发起人明白自己的目标是去中心化的方案，但启动解决方案只需召集进来能够实现最小化可行生态系统（MVE）所必需的成员即可。比起成员较少的方案来，那些一开始就拥有更多成员的解决方案需要花更长时间激活。成员方面的考量十分关键，必须在一开始就解决好。新成员一旦发现他们的竞争对手也参加了，有可能会变得不太愿意加入进来。然而，有竞争对手参加的生态系统，会使得它更受信任也更有活力，因为信任就是通过成员的多样性来获得的。建立正确的管理和激励机制对此会有所帮助。

激励机制：通过生态系统驱动落实

成功的发起人知道如何激励其网络内的成员。这种激励通常是通过在其解决方案中建立起买方（数据消费者）和卖方（数据提供者）之间的经济关系而实现的。在责任和奖励之间取得平衡就能带来动力。

例如，Secure Key 的解决方案针对数据交易提出了“保护隐私”的基本原则（在《区块链守则》中加以规定）。这套规则同时确保了当数据资产的消费者“付款”验证身份时，数据资产的提供者会收到“付款”。这些基本原则为数据市场定下了的基调，激励了更多的参与者做到更准确、更低成本地验证，更快的速度，以及更好的总体用户体验。

资产代币化是一项新兴的技术，被企业区块链发起人用来作为提供动力的奖励系统。在很多情况下，代币本身就是解决方案的一部分，起到的作用类似会员积分。例如，某个解决方案引入了原生的碳排放信用代币，用来奖励给那些其用户愿意节约能源的网络成员。用户在使用某个借记卡服务商的卡购物时，可以用代币换取一定的折扣，而这服务商和本地能源公司一样都是这个区块链网络的成员。

管理结构：合力大于分力相加

管理对于区块链网络而言是必不可少的。而区块链解决方案能否投入使用，在一定程度上跟管理制度是否有明文规定呈正相关的。最好的发起人是那种可以在多个层面上把一个团体组合起来的“裁判员”。针对每种情况，召集起一个“有关利益方委员会”来定义好解决方案内置的规则，并使范围和动机达成一致。

通常还会成立一些工作组，专注于商业模式、有关知识产权（IP）和责任的法律问题、技术设计和整体结构等。恰当的商业管理可以鼓励更多人参与，并消除商业义务的不确定性和风险（后者体现在智能合约中）。恰当的技术管理可以确保区块链解决方案通过去中心化的方式加以管理，从而使智能合约的实施或对新成员的邀请得到集体的认可。

第一波区块链开拓者已经将其解决方案投入使用，做到“区块已经上链”了。他们有着远大的目标，并逐步加以落实，通过奖励机制和包容性的管理流程激励着由多样化的成员组成的团体加入解决方案。

为公益服务的区块链

支撑着区块链网络的信任模式为服务于社会公益的解决方案提供了一个最理想的自然氛围。区块链也注定会带来强有力的商业回报。而且如果使用得当的话，它还可以为使用者提供尊重用户隐私乃至实实在在挽救生命的用户体验。

以下就是三个应用实例，体现了区块链如何在为公益服务的同时对商业也有好处：

减少食品带来的传染病

你有没有遇到过这种情况：你在纽约市的拉瓜迪亚机场内急匆匆地奔走着去赶航班。因为饥肠辘辘，你登机前随便从摊位上买了一盒沙拉。然而飞了一个多小时后，你开始感觉肚子难受。

在 2006 年暴发的一场大肠杆菌感染流行[15]就被发现与袋装菠菜有关。监管部门花了两个星期追溯清查这场流行病的传染源。在两个星期里，很多人病倒，还有一人因此去世。由于人们无法判断好与坏，成吨的没有问题的菠菜被毫无必要地丢弃，也就是被错误地浪费掉了。

IBM 公司的食品信任网络[16]由几家主要食品公司组成，其中包括沃尔玛、联合利华和雀巢等公司。这套网络使得所有成员（以及它们的生态系统）的供应链都做到可追溯，因而可以快速确定污染源。这套网络已经展现出减少食品召回的影响以及减少因食品传播的疾病所导致的致病和致死人数的效果。

通过区块链，网络成员可以在从农场到餐桌的整个过程中追踪各种原料的来源和走向。最近沃尔玛做过一个试验，即追溯店内所卖的切片杧果是从哪家农场生产的。

这个试验的结果展示了区块链带来的极大进步：使用传统追溯方法完成这个过程需要大约七天，而使用企业区块链只需 2.2 秒。沃尔玛公司负责食品安全的副总裁弗兰克·亚纳斯（Frank Yiannas）说："使用区块链达到的食品追溯速度，就是一闪念之间的事。"[17] 这就是区块链改变日常生活的一个鼓舞人心的实例。

消灭大数据泄露现象

你有没有遇到过这种情况：你租了一个公寓，房地产公司因此要求你提供关于你生活的各方面的信息——你的住址、你妈妈的名字、你的身份证号码、你的就职单位、你在银行里的信用报告等。而当你买一部新手机的时候，或当你去看医生做体检的时候，你又要重复一遍这个过程。你的各种信息片段（比如用户名、密码）在互联网上被散布得到处都是。然后突然有一天你收到某个主要的服务提供商发来的通知：你的数据被盗了！这种情况既令人害怕又令人恼火，然而却是千真万确在发生的：据标枪战略与研究所（Javelin Strategy & Research）在 2017 年发布的身份诈骗研究[18]显示，在 2016 年约有 1540 万消费者遇到身份信息被盗的情况。

然而，随着 Secure Key 公司的 Verified.Me 网络的出现，大规模数据失窃现象的日子不会太多了。[8]Verified.Me 网络在加拿大已经投入使用，由加拿大的主要银行主持运作。利用 Verified.Me 智能手机应用，你可以控制你的数字身份的各项属性。这个应用为你提供了一个简化了的注册（和登录）互联网服务的用户体验。作为你的身份的数字化权利管理系统，这个应用可以使你向房地产公司进行数字化授权，容许它电子化地提出与你租用公寓所需的问题。与此类似，你也可以向受信任的机构（比如银行、州或省的车管部门、你的雇主等）授权，使它们回答与房地产申请有关的问题。

通过使用区块链，这个验证的流程可以实时进行，并高度尊重你的隐私。这套解决方案的设计目标就是不设立关于身份信息的集中式数据库。

取而代之的是使用区块链账本作为数字化权利管理系统，储存有关的许可和证明。用户可以授权机构访问自己的身份信息。由于不存在集中的“数据蜜罐”，身份信息泄露的概率就被降低，令坏蛋们很难捞到一票大的。

区块链也会防止你的数字化信息被跟踪。比如，你可能不想让房地产公司知道你的开户银行信息。通过“三盲数据交换”，请求得到数据的一方永远不会知道谁是提供数据的一方，反之亦然。而网络运营者对这两方都一无所知。

区块链只交换必需的数据。如果你利用 Verified.me 证明你的年龄以便进入酒吧（你必须要证明自己的年龄已满 21 岁），你就不需要出示你的驾照（因而你的住址就不会被暴露）。美国国家标准与技术研究院（NIST）[19] 与其他隐私管理部门认为这种处理方式是保护用户隐私的最佳策略。

防止假冒

你有没有遇到过这种情况（本书的一位作者就遇到过）：一位朋友头疼，想要些阿司匹林。我从电脑包里取出出差专用的阿司匹林药瓶，摸出一片给了他。他吃之前仔细端详了一下药片，然后问我："你给我的这是什么药？"这药不像他以前吃过的阿司匹林。我说："我觉得它是阿司匹林。"他有些吃惊地反问道："你觉得？"那药片的侧面有个数字，我用手机快速查了一下，结果显示它其实是泰诺的一种仿制药。好险！

这类问题正在引起广泛的关注。据世界卫生组织估计，目前在中低收入国家里流通的医药产品中，有十分之一是次品或假货，包括药品、疫苗和诊断试剂等。例如，儿童用止咳糖浆含有强力鸦片类成分，还有只含土豆淀粉或玉米淀粉的假冒抗疟疾药物。

IBM 研究实验室开发的加密锚定验证器（Crypto Anchor

Verifier）项目[20]，致力于将人工智能（AI）技术与区块链结合起来防止假冒现象。这项技术通过把一个实体资产标识为一个唯一的相应数字化资产来追踪溯源。生产商可以把一片阿司匹林的数字化加密指纹放到区块链上，从而使这片药在整个供应链内无论走到哪里都可以验明正身。

加密锚定验证器为标准智能手机提供一个镜头附件。它利用 AI 技术对实体资产进行光谱分析，可以捕获微观特性、黏稠度和其他特征，然后为这个实体物品产生一个唯一的数字化标识。一旦这种不可篡改的标识放到区块链上，这个数字化物品的“指纹”就可以被加密锚定验证器在海关、销售处，或在你吃下它之前反复验证。

这些示例展示出了区块链的前景。看到区块链对日常生活可以产生的公益效果，令人倍感振奋。以这种收益作为动力，我们不断地解决商业和技术上的一个个难题，发掘出企业区块链许多类似的鼓舞人心的用途。[21]

商业和技术领导人常问的区块链问题

区块链既是颠覆性的技术，也是变革性的技术。当你考虑利用区块链为你的业务效力时，你的头脑里可能会冒出不少问题。在我们与数百位来自许多不同行业的商业和技术领导人分享区块链技术及其商业价值的过程中，我们注意到了一些最常被提到的问题。我们进行了一些调查，找出了最常被查询的术语，图 1.1 显示了这些术语以及它们相应的查询量。

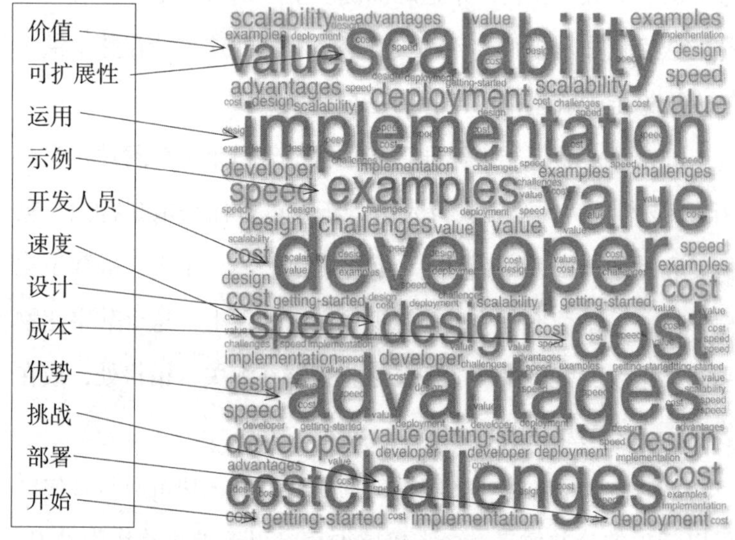

图 1.1　最常被查询的商用区块链术语

区块链适用于我的行业和商业目标吗?

区块链几乎会影响到每个行业，你所在的行业也不例外。

在很多情况下，区块链解决方案会影响到特定的行业或跨行业的业务。例如，贸易、金融、食品供应等行业已经被区块链联系了起来。区块链会改变很多行业从事业务的方式，但它并不能对所有的商业目标都适用。

区块链如何能为我的业务带来新的收入增长点和竞争优势?

区块链为商业带来信任和透明度，它也因此而能够通过安全、分布式的商业交易为新的商业模式、新的生态系统和新的经济环境带来新机会。这些新机会能够为很多企业带来新的收入来源，使它们通过采用变革性技术跨越式地超过竞争对手，并有可能从价值链上颠覆某些竞争对手。例如，一个数字化贸易的区块链能够简化贸易融资平台并为更多贸易伙伴和更多企业提供访问使用，而“了解你的客户”（KYC）应用可以利用区块链来减少损耗和时间，更快地验证链上的客户。

区块链能带来哪些增值商业模式?

区块链既可以改善许多现有的商业模式，也会创造出一些新的模式。为给落实企业区块链确实找出一条清晰的路径，我们必须既关注商业模式，也关注技术模式。我们可以选取对行业和企业有影响的一个用例，对其从商业价值和技术价值的角度进行分析，从而产生出一个商业架构和技术蓝图，并找出它对合规、审计和企业集成方面的需求。上述这些产物会推动一个实施模式，其中包含并揭示出各种障碍和挑战，并且也会包含这个区块链解决方案的成本和经济可行性。有许可的网络可能还需要找出正确的激励机制与经济模式，利用建立、派发和分享让所有各方受益的奖励，促使企业加入这个平台。各行各业都应该开始探寻能够创造出新价值的正确商业模式，这一点至关重要。这些模式将提升这些行业在现代化方面的努力，这是它们为了迎战颠覆性势力而急需的。

怎样进行区块链网络的管理和设计？

当成员们加入一个区块链网络时，有关网络管理和运营方面的明确协议必须已经就位。在企业领域里，我们必须定义一套简化的管理框架，并在其中建立起一个管理模式，包括博弈论、奖励、惩罚、灵活性、授权等原则以及协调方面的网络机制。这些核心原则必须被包含进区块链商业网络的各个管理方面，比如技术基础设施管理、网络成员管理和商业网络管理。

我是否需要一支专攻区块链的团队？

对这个问题最直截了当的回答是：是的——但是你并不一定需要一个新的团队。任何现有的开发人员都可以成为区块链开发人员，因为一个典型的区块链解决方案 80% 由应用组成，20% 由区块链框架组成。应用组件可以用你的开发团队已经熟悉了的语言写成，比如 Node.js、Go、Java、JavaScript，还有 Python。而框架组件可以由区块链平台来管理。与应用组件类似，有关的智能合约可以用熟悉的开发语言写成。因此，一个掌握了某种开发语言的开发团队可以轻松地转变为一个区块链开发团队，其中80%的成员专注于应用部分，而20%的成员专注于框架部分。

部署区块链的成本是什么？

实施区块链的成本可以利用一些变量计算出来。这些变量针对你的项目或用例、参与成员、所用技术、商业模式、预期投资回报率等。然而，着手进入区块链领域其实是相当划算的，因为像Hyperledger、Ethereum、Corda以及Quorum之类的区块链平台采用了开放技术而且是开源的，即使像IBM区块链这样的企业区块链也提供免费方案供你入门。

其他问题

下面这些是当你斟酌企业区块链时可能会遇到的其他一些问题。这些问题在这本书中也会被一一讲到。

- 采用区块链会带来哪些好处？
- 实施区块链时最大的挑战是什么？
- 有没有一些指南可以帮助落实区块链？
- 区块链有哪些与可扩展性有关的顾虑？
- 落实区块链需要哪类IT基础设施？
- 我应该怎样看待设计区块链解决方案这件事？
- 要满足交易请求的需要，应该解决哪些与速度和数据加速有关的因素？

本章小结

我们希望这一章的介绍已经勾起了你对区块链及其巨大收益的好奇心。想象一下这样的世界：你的数据是安全的；更少的人死于由食品传播的疾病；假冒变成无利可图的事情，因为立刻就能鉴定真伪。而这些只是区块链带来的诸多好处中的几个例子。

如果你觉得这些好处还不够，那么想象一下如果你的企业能向政府和其他机构自证清白，既能保护自己的经商诀窍又能高效运作，还可以把企业扩张到新的水平，让自己的数据既可访问又能保证其安全，并可以通过向区块链网络提供数据而获利，那么你将从中得到多少的收益。

如果这一切令你感到振奋，让你渴望进一步了解区块链网络带来的新机遇，那么请继续阅读第二章。它将更深入地探讨区块链能够为你的企业创造出什么样的机会，而且还会着重强调一些你为了收获丰厚回报而必须克服的挑战。

参考文献

1.《安全模式》，《网络：R3 Corda V3.0 文献》R3，2016 年。

2.《通道》,《前提条件：Hyperledger- 组成主文件文献》Hyperledger，2017 年。

3.《零知识证明标准化》，开源工业 / 学术项目，2019 年。

4. 马可 · 弗考里克（Vukolic，Marko）:《IBM 研究：在超级账本组成结构的幕后》,《分析成熟度模式（优化是 IT 行业的最关键秘密）》，IBM，2018 年。

5. 迭戈 · 欧加罗（Ongaro，Diego）和约翰 · 奥斯特豪（John Ousterhout）:《寻找一种可理解的共识算法（共识版）》。

6. 食品安全及实用营养中心：《标签和营养：营养成分标签的演化》，美国食品与药物管理局，药物评估与研究中心，2018 年。

7. 梅林 · 康登（Condon，Mairin）:《We.Trade 区块链平台完成多项实时客户交易》，We.Trade，2018 年。

8.《你的身份由你掌控》，Verified.Me，Secure Key Technologies，2018 年。

9.《CLSNet》，CLS 集团公司监管委员会，2018 年。

10.《真实的票据》，True Tickets，2018 年。

11.《汽车电子钱包简介》，Car EWallet，ZF Friedrichshafen AG，2018 年。

12.《Loyyal》，Loyyal，2018 年。

13. 查理 · 吉尔克（Gilkey，Charlie）:《专家、联络人或推销员：你是哪种类型的人？》，Productive Flourishing，2018 年 6 月 28 日。

14.《与团队见面——格里格 · 伍尔夫》，Secure Key Technologies，2018 年。

15.《多个州暴发的大肠杆菌 O157：H7 感染病例与新鲜菠菜有关（最终版）》美国疾控中心（CDC），2006 年 10 月 6 日。

16.《IBM 食品信任》,《IBM 食品信任：IBM 区块链》，IBM，2018 年。

17. 卢卡斯·米利安（Lucas Mearian）:《为什么沃尔玛的一位副总会“改信”了区块链宗教》,《计算机世界》, *IDG Communications*,2018 年 4 月 27 日。

18.《根据标枪战略与研究所的研究，2017 年美国有 1670 万人成为身份诈骗的受害者，创下新的历史纪录》，18. Javelin，2018 年。

19.《数字化身份指南：现有方案》，NIST 特刊，800-63B 美国国家标准技术研究所，2017 年。

20.《将人工智能（AI）与光学扫描相结合的验证器为现实世界提供产品认证》,《分析成熟度模式（优化是 IT 行业的最关键秘密）》，20.IBM，2018 年。

21. 杰里·科莫（Jerry Cuomo）:《企业区块链简要定义》，领英，2018 年。

第二章

机遇和挑战

在推动成功的商业交易、促进社会中有意义的个人价值或社会价值交换方面，信任都是最重要的因素。

——贾伊·辛格·艾冉

除了互联网之外（它其实是产生于20世纪末期），区块链可以算是21世纪最具颠覆性的技术了。它从根本上解决了商业活动中的信任、透明度和追责问题，并开启了跨行业创新的无限机遇。

在过去的几十年里，商业和贸易已经跨越了地理疆界，在很多方面成为全球性的和开放性的活动。尽管如此，信任依然是最根本的问题。在很多情况下，潜在的合作伙伴之间只有非常有限的信任，甚至根本没有信任。这就是为什么通常在双方或多方之间会需要一个中介机构来完成他们的商业交易。这种中介机构的例子包括银行、保险公司、贸易代理、政府机构、信贷机构和身份管理部门等。

区块链带来的变革就在于提供了在互不信任的合作方之间建立起信任的一个新方式。这种变化将会颠覆他们——还有你——做生意的方式。它会给每个行业和机构（包括中介机构）带来许多新的机遇，以及一种共享的或点对点的经济形式，使他们可以重新构想并改变商业流程与商业模式。不过，每一个机遇在初期也都会遇到一些挑战。当你试图把想要解决的业务范围定得过大，或没有为参与者提供动机或奖励，或管理结构过于繁杂、有过多的利益相关方时，采用区块链会是件困难的事。

颠覆性因素

是什么使得区块链如此具有颠覆性？通过共同发展起来的一个共享的真相拷贝，区块链从本质上就能够填补我们在商业网络和社会中的信任鸿沟。区块链技术中的五个因素带动了这种颠覆性：透明度、不可篡改性、安全性、共识性，以及智能合约（见图 2.1）。你如何看待这些颠覆性因素——也就是你看待它们的角度——意味着你会如何将你的生意加以转型。

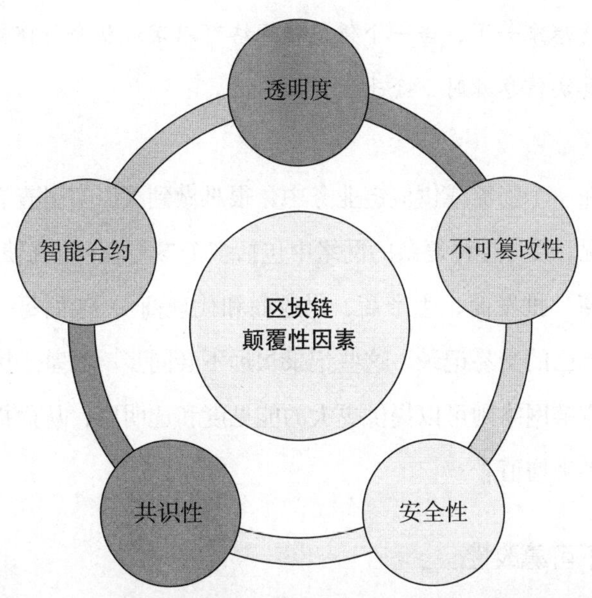

图 2.1　区块链技术的五个颠覆性因素

透明度

区块链可以为你的商业交易提供端到端的能见度，其做法是将单一的真实信息源通过复制或分享的方式记载到你的商业网络的分布式账本中。根据私有或公共区块链商业网络的权限许可，你可以发现交易的整个过程。在过去，这种透明度在涉及多个参与方的商业网络中是无法做到的。因此，通过实现直接的点对点的连接和交换，这种全新的透明度颠覆了你的商业网络中的很多中介机构或第三方机构。

请想象一下，当一个供应链网络可以实现整个价值链上的单一真实信息源时，会出现什么情况。

在一个物流或供应链业务中，很难做到可以实时查看货物的情况，因为这种复杂的网络中包括多个参与者（货物使用者、零售商、批发商、生产商、供应商和代理商），他们每一家都会有自己的交易记录，这些记录永远不会同步。而基于区块链的供应链网络则可以提供更大的能见度和透明度，从而提高效率，带来增值。

不可篡改性

当你向区块链中写入一条交易记录之后，没有人能够把它删除掉。如果你试图修改这个交易，区块链会为这个交易增补一条修改记录，而这对网络里的所有参与者都是可见的。区块链里的每一笔交易都被编码为一个数据区块，有着唯一的签名和时间印记。每一个区块都和它前后的区块相连。这些区块不能被变更或修改，它们彼此相连形成一条长链，既无法篡改也无法逆转。由于交易历史无法篡改，也就消除了许多企业所面临的假冒和诈骗问题。

因为区块链驱动的溯源流程具有不可篡改性和透明度，所以它根除了假冒现象。

对于法律和金融文件，以及贵重商品（如药物、食物、豪华服装和珠宝等）而言，假冒是最大的全球性问题。它每年会令企业损失超过 7% 的年度支出，在全球范围造成的损失高达每年近 40000 亿美元[1]。在一个区块链网络中，一项资产或一个商品的不可篡改的数字记录和转手历史对于所有参与者都是可以识别查证的，因而这种方式可以从系统和流程上杜绝诈骗和篡改的企图。

安全性

区块链提供了一个高度安全的交易系统，几乎不可能被黑客攻破。区块链上的每一笔交易记录都是通过数字签名实现加密保护的，而且交易的修改也都有迹可循。网络中的成员都有它们自己的私有密钥供其在交易中使用，或在修改现有交易时使用。因此安全方面的隐患可以很容易识别出来，并从根本上加以防范。每笔交易都会复制或共享到全体分布式账本中，这意味着黑客必须查看每个账本并在其中找出每一条相同的数据或记录，这非常困难。

分布式的账本、交易完整性、高可用性和可审计性，确保了区块链的安全、私密和合规。

商业关键数据和交易的安全性是所有行业、所有机构都极为关心的话题。这些数据和交易的数字化转型反过来也是造成当前商业世界日趋复杂、带来更多安全问题的关键驱动因素。据数据分析公司高德纳（Gartner）的研究，2018 年全球网络安全方面的开销预计超过 1140 亿美元[2]。而 Statista 公司则预测到 2022 年这一数字会增加到 2340 亿美元。[3]

大多数企业会将它们的商业信息和客户信息保存在一个集中式的系统中。不幸的是，这种集中式系统很容易受到攻击。区块链采用的则是一种去中心化的方式，将交易数据复制到分布式的账本中。这样一来，即使其中一个账本无法上线，其他账本里依然还有关于这些交易的拷贝可供使用。每笔交易都先由网络参与者验证过或认可过之后才会写入账本中。尽管你可以识别出区块链中的成员，但它们依然能够保持匿名状态和私密性。这一点对于需要确保信任的机构来说非常重要。区块链中保存的不可篡改的交易历史可以使审计工作变得轻而易举，从而实现合规和监管目的。

共识性

区块链网络的参与者通过共识机制来消除对中央机构和第三方机构验证商业交易的需求。例如，加密货币的基础是一个公共区块链，它要求矿工验证货币交易。这个过程被称为工作证明或采矿开销，它需要大量的计算能力和能耗。与此形成对比的是，有许可的区块链网络上是受信任的参与者，使用共识算法来匿名验证而不需要采矿开销，因而其所需的计算能力和能耗成本只是公共区块链相应费用的一小部分。

共识通过民主方式推动商业网络中的公平参与。

据英国广播公司（BBC）的一个民意调查显示，在全球范围内，经济结构中的不公平比例超过了50%。这指的是各国政府没有做到公平地分配责任和利益。许多企业每年花费几十亿美元来处理不公平的问题，而另外一些企业每年损失几十亿美元却没有意识到这种不公平。在法律、商业和政府领域中的很多中间机构利用了这些不公平和欺骗性做法来为它们自己获得经济或财务利益。区块链技术通过真正民主化的和透明的方式处理交易，有潜力消除政府和企业中的不公平现象。

智能合约

你可以把智能合约想象成自我执行的电子合同，它记录了商业伙伴之间所达成的协议中的法律和商业条款。区块链中的智能合约是编程并嵌入交易记录中的商业逻辑，它可以使商业流程自动化。这类合约令交易和协议可以在多个商业成员之间执行，而不需要中介机构、法律系统或仲裁机构的介入。智能合约之所以能够使商业流程自动化，是因为区块链中的交易是受信任的、透明的和不可篡改的。

智能合约以自动化、快捷且无须大量合规成本和风险的优势促进了商业流程的革新。

虽然目前商业和法律合同的管理变得日益自动化和灵活，但据国际合同与商业管理协会（IACCM）的估计，处理和评估一份基本合同的平均成本在过去六年里增加了 38%，数额达到了平均 6900 美元。[4] 据 Statista 公司的报告显示，到 2021 年全球法律服务市场规模预计将超过 10000 亿美元。[5] 你可以思考一下你的公司在合同管理服务上的开销有多少，以及智能合约在节约这方面的费用上有多大潜力，因为它可以使合约的处理更快捷（电子化的处理几乎瞬间即可完成），并且可以通过透明度和不可篡改性而减少风险。

据初步估计，区块链技术可以将商业合同的执行时间从数天降到数分钟，从手工操作变为自动操作，其费用将是现有费用的一小部分，而且基本不需要任何法律单位介入。

接下来，我们将探讨区块链的这些颠覆性因素将会为你的企业转型带来哪些机遇。

机遇

由于没有能力看到创新性技术将会如何彻底改变未来，许多个人和机构会（有时是无意中的）阻碍其业务中的积极变化。新兴技术通过改变我们思考和做事的方式，给我们带来新的机遇并改变我们的生活。个人计算机和互联网就是我们在 20 世纪中目睹的两项技术革命。而 21 世纪中的下一个具有重大影响的变革性技术就是区块链。

据高德纳集团预计，到 2030 年由区块链驱动的商业价值将达到 3.1 万亿美元。[6] 而其真正的商业价值，则体现在由用户希望实现的对商业活动的变革所导致的新机遇中。这些变革涉及各行各业的多种实用场景，从加密货币到跨国界支付、从食品安全到原料溯源、从供应链到贸易融资、从临床试验到健保交易、从数字化版权管理到版税结算、从数字化身份到土地登记等，区块链都将带来无尽的机遇。

区块链的变革能力

区块链技术在三个方面带来了变革性的机遇，可以使企业、经济和生态系统都变得更加兴旺。这种变革三部曲由新的组织结构、新的商业模式和新的生态系统组成。（参见图 2.2）

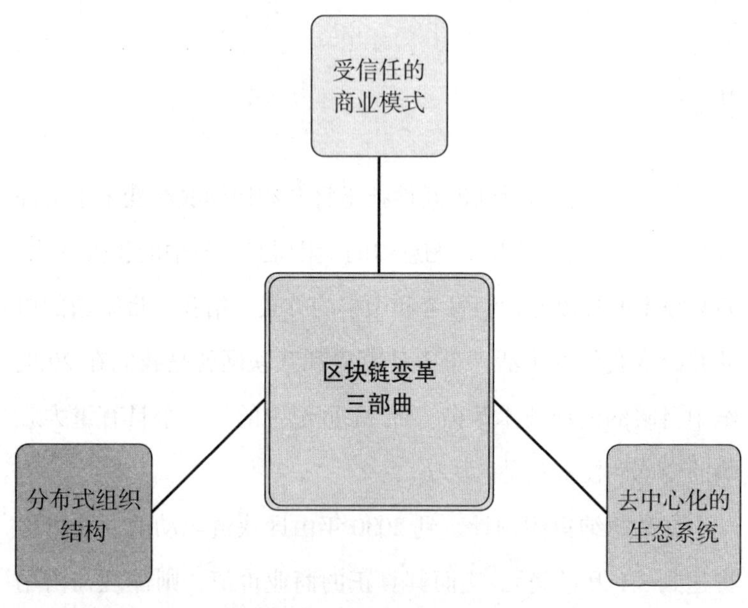

图 2.2　区块链变革三部曲

分布式组织结构

无论是公有的还是私有的，大部分现代组织都是高度集中式的。它们通常会建立起一套有利于垄断的官僚式治理体系。在那个体系中，合作伙伴彼此被迫恶性竞争。那种为了获取短期利益而采用的命令与控制驱动的方式，往往会使得其组织内部失去创新的能力。这种组织里的集中式管理结构扼制了企业整体的能见度、信任度和透明度。这些问题会导致成本增加、灵活性下降，使运行效率降低，为经济环境带来不健康及不可持续的文化影响。

现在，请想象一下你可以如何利用区块链来改善集中式组织结构，使创新活动重获自由，在商业网络中能够自治。区块链技术的分布式本质，再加上对共识的强调和智能合约，会造就一个自我治理的商业网络，其高度的自治能力可以将传统企业结构变得扁平化，转型为分布式和共享式的结构。商业交易通过分布式的共享账本管理，从而在整个网络内部做到透明和可见，而不带有任何复杂和等级化的性质。这就好比一个国家建立起一套新的管理结构，既消灭了欺诈也消除了官僚主义，而且对所有公民都是透明的。

这种新型的分布式结构使得各种组织可以实现更高的成本效益，在提供服务和商业成果方面更迅速更有效。

受信任的商业模式

商业模式的核心是一个组织如何利用自己的能力创造价值并为其客户与合作伙伴带来价值。它包括维护好与客户的关系、保持客户黏性，并将自己的产品与服务跟竞争对手差异化。传统的商业模式侧重于流程，而且出于信任和透明度的限制，需要很多利益相关方、中介机构和第三方的介入。这些特点导致其效率低下、成本过高、业务迟滞。然而最近一段时期涌现出了一批颠覆传统模式的新模式，比如优步（出租车服务）、爱彼迎（房屋短租）和网飞（租影片）等。

除了加密货币之外，区块链还可以为各种机构带来很多新商机，它通过互信的点对点交换、商业合同的数字化和自动执行，以及智能合约来颠覆传统商业模式。原有模式中的第三方中介则通过分布式账本和透明度来实现，而交易完整性由安全性和加密技术来保证。

区块链为商业交易注入了信任。它彻底改变了商业模式中的信任状态，使其变得动态化，从此商业模式可以被定义为可信的、半可信的和不可信的。公共链、私有链、有许可的或联盟式的区块链则通过正确的管理结构和政策来建立其信任度。

建于区块链之上的企业品牌和商誉体系可以为其商业记录提供真实性和透明度的保证，而这些记录可以向其潜在客户和合作伙伴展示自己的可信度。

以下这些示例体现了这种商业模式的转型：

• 一种音乐发布模式：音乐文件由原创者直接传给听众，不需要经过任何发行公司就可以收到钱。

• 一种收款模式：金钱直接从交款人那里传给收款人，不需要由任何金融机构扮演中介角色。

• 一种开放市场模式：买方和卖方直接联系，不需要经过任何中介交易所。

去中心化的生态系统

在由区块链驱动的网络里，商业交易信任度和透明度的开放方针会推动网络参与者踏上转型之旅。在这种方针指导下，组织和系统互相合作，在网络内部共同创造价值并保留价值。

随着区块链不断实现分布式组织结构和受信任的商业模式，它也会促成新兴的受信任市场和可交换经济价值的涌现。点对点模式带动了由玩家构成的新生态系统，消除了中介角色。这种系统性变化导致了新的消费者、竞争者、微观经济、利润池，以及分布式生态系统的建立。由生态系统驱动的、去中心化的市场竞争力是无与伦比的。

以下这些示例展示了在分布式环境下有可能会出现的生态系统：

• 通过首次代币发行（ICO）和代币重新定义“启动资金”的概念。

• 在商业网络中建立并使用统一的“了解你的客户”（KYC）服务，消除各机构重复建立的那种传统 KYC 业务。

• 发展中国家的资产和土地登记可以跨越式地赶超发达国家的传统式城乡开发和房地产管理生态系统。

• 无须清算中心即可运作的贸易和投资模式。

要取得这样的进步，只掌握区块链技术是不够的。它需要你重新思考目前自己的市场角色、价值流、现有的商业生态系统，并找到商业转型的契机。这是商业活动中一种全新的根本性变化，其中很多元素都需要重新设计，比如组织结构、商业模式和生态系统等。

变革性机遇

本小节将探讨在比特币或加密货币之外，由区块链带动的针对具体行业的一些转型机遇。

银行和金融市场

通过将交易时间从数小时减少到数秒、取消手工流程、排除贸易金融中不必要的中介机构、数字化身份和跨境支付等方式，区块链有能力带来银行业的创新，改善用户体验。你可以利用区块链快速、安全地做生意，将交易记录从纸质记录转型为区块链记录，从而更便于拓展进入中小企业这种过去不太受重视的市场。

贸易金融

由于存在人工流程和十分严格的监管要求，银行在管理、跟踪和保障国内或跨国贸易交易方面一直困难重重。例如，公司处理贸易融资所用的信用证基本是通过纸质文件零零碎碎完成的。

这会使 50% 左右没有信贷来源的小型企业在融资时遇到较大困难。

而基于区块链的智能合约能够自动存储、保障并交换合约细节和融资条件，通过集成化的实时网络协调贸易物流和支付方式，并理顺数字化贸易流程。利用区块链，账本交易可以通过受信任的银行从一家小企业流向另一家小企业。而大型企业也能通过更好地追踪金融交易而获益。

例如，IBM 联合八家欧洲银行成立了 We.Trade，这是一个由多家银行组成的合作组织，用来建立与小企业相联系的受信任数字化贸易链。

数字化身份验证

要求客户反复提供身份信息会降低顾客的满意度，并耽误交易速度。为客户开设支票账户、提供抵押贷款或将其从一家银行转至另一家银行时，都需要严格遵守 KYC 标准。

而在 IBM 的区块链上，身份凭证可以通过对访问和权限的管理而整合起来，而不需要真正储存身份识别信息。这可以做到尽职 KYC，而且有助于保障个人信息，并提高客户满意度。

例如，IBM 公司与 Secure Key Technologies 公司正在为加拿大的银行建设一套身份识别的共享生态系统，它将使顾客在开户时立刻完成身份验证。它还可以应用于驾照的申请和水电气服务的申请等方面。

保险业

保险业的核心涉及多方的运营。区块链可以简化并保障这种运营。无论是与客户沟通还是与其他方面打交道，区块链都可以减少因多方各自保留记录而带来的困难。

当一笔交易发生后，保险公司可以依赖区块链带来的分布式账本技术，根据网络中的其他记录来更新与验证信息。而且也可以减少保单、理赔和维持客户关系所需要的管理费用。还可以简化运营并提高客户满意度。保险公司还可以通过新的商业模式或新的保险产品而获得新的商机和利润。

涵盖复杂风险

当保险公司职员、保单持有人、理赔人员和保险经纪人无法看到保单信息时，他们通常会需要人工帮助，而这会增加出错的机会、耽误保单理赔并且增加成本。一旦保险方案变得复杂，或者需要管理跨国保险品种——这类保险往往需要遵守更严格的法律和规定——所面临的困难将会进一步升级。而区块链能够消除很多这类障碍，使运营更为顺畅。

例如，AIG 和渣打银行利用 IBM 的区块链将多个保险品种转化成为智能合约，从而可以实时地通过统一、整合的界面查看保单数据和文件。这个解决方案使得保险内容和保费支付透明化。当付费行为发生后，网络中的成员会收到自动发送的通知。

集体福利

需要提供集体福利的机构通常需要有个包括管理人员、供应方、员工和其他人员在内的复杂网络来管理这些福利。不同版本的相同数据需要被整合起来，以便确保受益人资格和获得福利。

IBM 的区块链可以成为关键的一环，连接起由第三方管理人员和服务供应方网络构成的巨型生态系统。其共享账本导致的透明度有助于雇主减少错误，改进申领流程，更好地管理服务供应方，并降低运行成本。

医疗保健

区块链能够为医保企业带来变革，通过建立不断进化的新生态系统和新商业模式而提高服务质量。储存在区块链中的医保信息能够改变服务提供方保存临床信息，在其内部分享信息，以及与其他医保合作方、付款方和病人分享信息的方式。

区块链将医保信息去中心化，从而提高了数据的可用性、效率、透明度和信任度。不过，想要充分利用这些优势，需要做出细致的规划。IBM 协助建立的区块链基础设施可以为企业的短期和长期业务解决方案提供一个坚实的平台。

病人同意书与医疗信息交换

分散的记录保存系统可能会导致病人的同意书和病历记录有所缺失、彼此矛盾或含混不清。相比之下，由区块链保存的记录可以提供完全的、长期连续的个人健康记录，并通过可验证的同意书让所有病人能更好地掌控自己的信息。利用区块链，每份病历都会反映出最佳的医疗真相，从基因数据到医学诊断影像。这些数据可以根据需要可靠地传送，而不需要一个中央监管部门。

临床试验管理

医疗领域的临床试验会产生出海量数据。这就要求医疗管理人员必须可靠地、一致地保存这些数据，以便满足同行评议和有关法规的要求。区块链工具配合电子数据获取（EDC），使得研究人员和从业人员能够自动收集、拷贝和发送临床数据，与复杂的传统系统相比，这可以获得更高的可审计性、追踪溯源能力和控制能力。

零售业与消费品

区块链为消费品和零售业交易消除了障碍并增加了透明度。因共享的、不可篡改的账本所导致的透明度，使得商家可以在诸如发票、付款、消费者供应链和全球送货等领域建立起信任的氛围。通过利用分布式的、受信任的数据库，区块链解决方案减少了在其他情况下存在的障碍，比如彼此隔绝的管理和法规体系、旷日持久的结算流程，以及交易方之间的不确定性。

区块链加速了交易，在参与方之间建立起信任，为跨行业和全球性业务打开了机遇之门。

商业往来

不同系统间漫长的发票与付款流程，往往导致验证和支付行为被耽搁，并由此产生纠纷，推动了当今全球市场商业活动的成本攀升。区块链有助于消除这类商业往来中的摩擦，因为它带来了在买卖双方之间共享的、对双方均可见的信息链。

例如，一家主要的消费品生产商利用 IBM 公司的区块链来削减其在发票处理流程中的复杂性和模糊性。这个解决方案将处理时间从五天降到一天，并把处理费用降低了 50%。这家企业计划将这个新模式扩展到与其他几个供应商的关系管理中去。

供应链管理

供应链中的各商业实体通常各自采用不同的系统，这会妨碍整个生态系统中的能见度，制造出彼此不信任的氛围，使所有各方都面临风险。以食品行业为例，由于供应商、加工商、批发商、零售商、物流提供商和消费者之间缺乏信息透明，食品供应链中的信任度极受影响。

而像 IBM 公司的 Food Trust 这样的基于区块链的食品供应链来源，则是一个将种植商、批发商、加工商、零售商以及其他食品行业相关利益方团结到一起的协作式解决方案。通过做到对数据快速全程可追溯和对合规性的认证，IBM 这套基于区块链的解决方案有助于确保从农场到商店整个过程中的食品安全。

例如，沃尔玛已经与 IBM 合作，使用 IBM 的 Food Trust 系统来帮助改善食品安全。这是第一个投入使用的区块链食品安全解决方案，可用于食品系统中的各种产品。它允许早期采用者自信而且安全地与其食品供应链合作伙伴分享数据。

在另外一个供应链应用中，IBM 与马士基公司发布合作声明，将基于 IBM 区块链建立起一个高效且安全的全球贸易数字化平台，以简化船运业务。这个拟议中的项目将解决货物在跨越国界或贸易区的过程中对透明度、简便性和开放标准的需求。

政府

无论是发放身份证件，还是登记财产、组织选举或执法行为，政府都必须确保对数据的严格管理，以保护公民的信息，维持信任，并保障公共记录的准确。政府所面临的挑战与其他领域所遇到的挑战不同：数据结构工程师、行政管理人员和隐私管理人员必须保护公民的个人信息，同时也要确保关键信息能按需要获取。可扩展性也是令政府管理人员头疼的事情：服务的范围之大，以及因此所需要的劳动力规模之大，往往会造成欺诈、浪费和滥用现象，使得关键的公共记录中出现严重错误。

资产登记

我们依赖政府准确记录和追踪我们的宅邸、公司、汽车等资产，从而可以验证所有权和确保财务交易顺利进行。准确、可用的登记内容对于政府建立信任和透明度至关重要。尽管有这样的需求，目前的登记管理因为手续繁多、重复而备受困扰，而且它过于依赖容易出错的、不完整的手工数据录入。区块链使政府部门能够提高公共记录的准确性和效率。它可以把对某份资产的所有权与唯一的共享账本对应起来，而不会打乱已有的登记数据。

预防欺诈与合规

政府的交易数据很容易成为欺诈活动的牺牲品，数据隐私常被破坏，而且意外的数据泄露事件也司空见惯。更为严重的是，政府内部彼此独立的老旧系统和手续，往往会导致多个用户的数据集有不止一个版本。当无法保证事实的唯一性时，数据集每被访问一次，欺诈风险和确保合规的难度就会增加一些，因为你无法判断数据是否正确。

而区块链可以建立起共享的、可信任的账本，按先后顺序不断增加经过加密的安全数据。这个账本只供受信任的人员访问，从而可以让政府管理人员确定他们打交道的数据是最新、最准确的，而且也是几乎不可能被篡改的。

媒体和娱乐业

由于减少了对购买广告和数字化内容管理所牵涉的有关各方的需求，区块链可以提高数字化交易的透明度，并消除媒体和娱乐业生态系统中的复杂性。通过利用不可篡改的共享账本来即时记录交易，媒体、广告、娱乐等行业的公司对于内容和数据的购买及使用有着全面的能见度。

区块链从设计之初就是为了加快创建跨行业、跨用例的全球性商业导向网络。这一点对于媒体和娱乐业的影响极为深远，在数字化版权管理方面尤其如此，因为它涉及数字化生态系统中可信任的、透明化的内容分发。

广告结算

将近 50% 的广告无法接触到其目标受众。[7] 而且由于评估、衡量系统的陈旧过时，想要精确了解某个广告在曝光次数方面所达到的数值是不可能做到的。每年因数字化广告欺诈而导致的开支至少达 70 亿美元。[8] 而广告费用的 60% 都被中介机构赚走了。不同记录系统之间的分歧通常会带来商业纠纷、人工费用增加、内容泄露以及现金流出现问题。

利用不可篡改的区块链账本可以消除中介机构，从而减少广告费用。通过在整个广告业生态系统中使用数字化交易记录，广告主、中介机构和广告销售商可以共享曝光次数的数据，并且可以用智能合约建立起一套透明的系统，来证明有关开支确实是与曝光次数挂钩的。库存管理也可以因此被简化，广告公司的收款及发票流程也会变得更有效率。

例如，全球最大的广告主之一联合利华公司，与 IBM 合作建立了一套区块链解决方案来管理其广告供应链。这个基于信任的、透明的解决方案实现了买方验证，让各方都能清楚了解广告流程中的每一个组成部分。全新的透明度使得广告主和广告平台都可以更容易地了解某个广告的效率，从而更好地决定有关广告开支是否合理。

忠诚度项目

顾客忠诚度项目有很多不同的实施形式，涉及酒店业、金融业、娱乐业、航空业和零售业等多种行业。然而彼此隔离的系统使得消费者无法在不同机构之间做到忠诚度积分的交换，即使这些机构都属于同一行业（比如银行业）也不行。这种情形限制了跨市场的营收增长机会。

区块链解决方案可以为顾客忠诚度积累系统带来彻底的可见性，从而在忠诚度生态系统中建立起全局信任，让用户可以用其飞行里程积分来预订酒店、购买主题公园门票，或者买咖啡。反过来也一样：消费者可以使用他们从其他公司那里挣到的忠诚度积分点数来购买机票。

例如，使用中国银联系统内的中资银行信用卡可以在150多个国家消费。中国银联就在用IBM公司的区块链来帮助其用户交换通过不同银行挣到的积分点数。新的点对点式的银行奖励积分交易系统将会使得银行、信用卡用户和礼品店等各方之间的积分点数实现兑换。

汽车行业

汽车行业复杂生态系统中的每一个部分——无论是零件供应商、汽车制造商、消费者，还是安全监管部门——都需要依赖由各种交易和知识所构成的网络。它的范围远远早于车辆被制造出来之前，也绝对不止于车辆被买下来之后。这个网络也在持续不断地变大。从支持硬件与服务方面的不断演进，到认清假冒伪劣零件的来源与位置，汽车行业所需要追踪的数据量呈现出爆炸式的增长。

通过对零件和商品的所有权、地点及运输建立共享的、有许可的记录，区块链可以做到高效率、高透明度和高信任度。

区块链记录的多功能性使其与不断创新的商业模式完美地保持同步。

移动服务

现代汽车不仅仅是交通工具，也是建在轮子上的复杂的网络化软件平台。汽车越来越多地需要引入安全的无缝移动服务，包括与共享乘车服务、智能化交通基础设施和电动车充电等系统进行微支付和其他交互活动。

IBM 已经宣布和 ZF 公司及 UBS 银行合作实施一项基于区块链的汽车电子钱包服务。这项服务通过 IBM 云服务可以实现无现金的微支付，用于过路费、拥堵费、电动车充电费、停车费以及车辆之间的支付等场景。如果车主同意包裹递送服务使用其后备厢的话，这套系统甚至还可以把这辆车当作安全的包裹投递站使用。

追踪溯源

汽车生产已经实现了真正的全球化。汽车零件的产地遍布全球，成品汽车也会行驶在世界各地的路上。为了应对假冒零件问题和因产品缺陷导致的召回，产品的可追踪性对于车辆的售后活动至关重要。为了确保安全性和可靠性，生产商必须为监管部门和购车人跟踪车辆的移动。一旦出现零部件安全问题，区块链技术可以帮助汽车生产商和零部件供应商快速找出故障零件。

与汽车行业的进展类似，波音公司也在实施由 IBM 提供的基于区块链的解决方案，使整个飞机供应链的信息对零件商、飞机拥有者和维修者，以及监管部门都可见。

旅游业与运输业

旅游业与运输业不停发生着千千万万种情况。区块链技术可以让每一项活动都以安全、可靠、高效、顺畅的方式开展，这对于取得商业成功并让顾客满意是非常必要的。

以航空业为例，常见的联运业务（即联程出票或联程预订）指的是不同航空公司之间自愿达成商业协议，以解决旅客因旅程需要而分段搭乘多家航空公司航班的问题。在完成这种业务时，旅行社、航空公司、信用卡公司还有机场之间会有多笔公司对公司（B2B）交易。其结果往往会变得非常复杂，出现错误或纠纷。相比之下，当有关各方都使用区块链环境中的相同数据时，公共数据的能见度和共享性会消除不一致的现象。无论是陆运、海运还是空运，区块链技术都可以提高交易速度，消除欺诈现象，并通过不可篡改的、值得信赖的、安全的系统在各方之间建立起信任，帮助简化运输业务的操作。

人员协作

对于每一种运输方式来说，旅客和货物的安全都是最重要的。而对工作人员的培训和资格认证可能会涉及多个机构，并且花费很长时间。每个交通站点都是大量人员活动的场所，其中的工作人员受雇于各种各样的公司，肩负着五花八门的责任，从燃料运输，到检票，到餐饮，到班车驾驶，到打扫清理，等等。每一位雇员都需要通过安全审核，所有人的行动都需要协调配合。

利用共享的、不可篡改的账本防止记录被篡改或伪造，区块链能够提供运输公司所需的验证和审查功能。每位工作人员的证书和执照都可以在区块链中保存并验证，也可以随着更多培训的发生而不断更新。区块链提供了一个集中式管理的机制，用来查看必要的公共信息，解决诸如工资纠纷、工作状态或其他可能出现的问题。

货物处理

货物运输涉及多个参与方，包括发货方、收货方、承运方和监管部门等。由于有这么多方面的实体参与其中，而每一方又都会有其自己的记录系统，使用区块链技术可以更有效地跟踪货物的目前位置及状况。利用关于货物所有权、地点和移动情况的共享记录，承运方可以改善其载荷利用率，发货方和收货方可以在货物尚在途中的时候就办理清关手续，从而加快交付速度而不必在运输终点苦等。

举例来说，迪拜国立航空运输协会（DNATA）是一个为

400 多家航空公司处理地勤、货运、旅行和航班餐饮服务的全球性供应商。它与 IBM 合作，使用区块链消除了冗余数据，提高了货运服务的可见性和透明度。其结果是理顺并简化了从起点到终点的整个流程。区块链解决方案之所以能做到这一点，是因为它将供应链数字化，并使用点对点网络来管理和跟踪每个货运集装箱的移动路径。

挑战

区块链应用所面临的最大挑战并不是关于其技术是否完美、成熟：区块链技术无疑会持续改进，正如互联网技术在面世近四十年后仍然在不断改进一样。区块链技术作为加密货币类应用的基础已经被使用了好几年，而且近期有许多组织对它做了改进，以确保它可以为其他行业的企业服务。其关键的挑战在于选择合适的应用范围、为企业和参与者找到合适的激励机制、确立合适的管理结构，以及拥有正确的团队和技术。只要你精心计划并勤于努力，做到高效地管理区块链网络，并心无旁骛地推动你所设想的转型，这些挑战都是可以被克服的。

如图 2.3 所示，解决这些挑战涉及三个方面："应用范围"可以帮助你决定你该为区块链网络制订什么样的规划，"管理结构"定义了你将如何运营它。而"激励机制"则代表了你为什么应该去建立或参与这个项目。

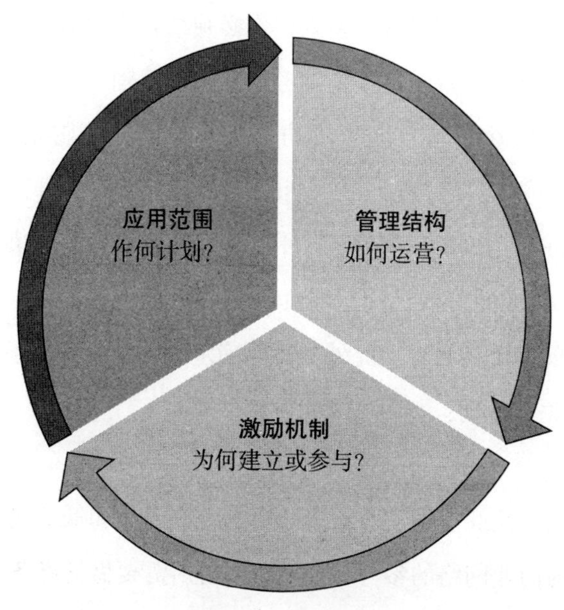

图 2.3　克服挑战

应用范围

虽然区块链有着颠覆许多商业活动的潜力，但目前的商业政策和需求有可能不会马上支持这种转型。而且，可能会有多种原因使得区块链行不通，比如现有的政府、商业及法律协议、有关法规、泄露风险、全球声誉、官僚机构、合作伙伴等。因此选择一个合适的应用范围十分重要。要做到你能够渐进式地取得一个又一个成果，尽管你心中的终极目标是彻底转型。

选择应用范围的行动既要反映你的愿景，也要反映你对商业结果的预期。然而考虑到区块链会触及企业的组织结构、商业模式和生态系统等核心要素，你必须结合你想取得的近期和远期商业结果来针对这些要素考虑相关的范围。

一个区块链项目能否成功取决于选择的范围是否正确。因此你要先定义好最小可行产品（MVP）和最小可行生态系统（MVE），并明确区块链项目的起始状态。你还要决定符合SMART标准的终极目标，即具体、可衡量、可实现、注重结果和时间明确的目标。此外你还要确定为找出下列事项所必须采取的关键行动：

- 颠覆性商业用例所希望解决的现有弱点和低效之处。
- 为商业网络的参与者和生态系统所需要做的准备。
- 为取得竞争优势所需的商业模式和差异化之处。
- 合作与互信所需的管理计划和方针。
- 包括成本和职责等内容的运营计划。
- 选择技术与供应商。

激励机制

对于任何涉及消费者与合作伙伴的商业网络，恰当的激励机制都会促进建立正确行为、信任和合作的动机。区块链网络既包括网络发起人，也包括参与者。然而，由于分布式组织和去中心化的生态系统天生就有“既要同甘，也要共苦”的特性，因此找到一套合适的激励机制十分重要，只有这样才能让所有人都有动力，并且在网络中发挥可信的合作伙伴的作用。而网络中的不良参与者有可能会让你无法按计划在预定时间、成本和资源条件范围内实现你的目标。

区块链网络中的奖励并非金钱，而有可能是可见度、使用权、共享权和交换权等。例如，监管机构可能出于检查合规的目的而希望得到使用权和对交易的可见性。非创始成员可能希望加入进来并共享其资源，以便在网络中进行价值交换或返还价值。而像政府机构之类的创始成员可能希望在维持信任和透明度的同时，获得对企业政策或交易的一些具体权限。

在网络中可以发行代币作为一种激励手段，以增加交易、交换资产或进行价值交易。代币在系统内代表着权益或奖励，如果每个成员的绩效都达到或超过预期值，这些奖励的价值也会随之增长。这些代币可以用来管理零售业或消费品行业中的忠诚度积点，或能源贸易行业中的碳排放额度，甚至是声誉系统中的品牌或社交形象。

为了给区块链网络带来持久的动机，你需要评估以下这些方面：

- 谁给网络带来数据、知识或资源？
- 他们贡献给网络的价值是什么？
- 他们希望得到什么样的回报？
- 哪些动力可以让他们持续成为可信赖的参与者？

• 你能提供什么样的激励措施以获得短期和长期的参与度?

• 什么样的策略可以将奖励分配行为自动化?

管理结构

好的企业依赖于拥有好的管理结构和可信任的合作伙伴团队。一个企业的成功与失败完全取决于它是否有能力建立起一个拥有恰当管理与激励机制的生态系统。

对于区块链项目而言,取得成功的最关键和最不可或缺的需求就是管理。这是因为只有它才能通过智能合约这种体现在交易中的自我执行的商业和法律合约来保护去中心化的财产。虽然这种做法在商业网络中促进了自动化、交易速度和效率,你必须要理解智能合约是如何作为管理结构中的一个部分被开发和管理的。一旦出现不可预见的情况,如果你在网络中有可信赖的并且有动力的合作伙伴,那么建立起共识就会变得非常容易,也会很快完成。

区块链项目中的风险与管理结构的复杂程度直接成正比。后者会导致不确定性、延误和成本的增加。因为管理效率方面的难度比较大,公共区块链网络的风险比起对应的私有链、有许可的或混合型区块链网络更大。虽然有些用例非常适合公共区块链,但也有很多其他用例不适合它。除非你做好周密的计划,否则要为你的许多企业用例建立起开放、公共、去中心化的管理结构可能根本行不通，因为会有隐私、合规以及法律方面的种种要求。而且由于很多行业的监管机构都在研究区块链技术在合规要求方面对其行业的影响，并在着手解决相关的问题，你的网络必须要做到符合现有政策。

区块链网络中的管理结构可以包括不同层次的工作组，每个工作组都应有一个专门的关注焦点，以解决下列具体问题：

- 所设想的商业模式的颠覆特性及其对参与者的影响。
- 参与者的角色和责任。
- 决策权。
- 激励与抑制共享的因素。
- 知识产权与责任。
- 现有的法律与合规政策，以及对未来变化的考虑。
- 技术设计和结构。

技术问题

技术方面的顾虑并非阻碍采用落实区块链的最主要因素。实际上，包括 IBM 在内的很多公司已经投入很多精力，基本上解决了（或正在解决）在实施、部署、集成和运营方面的问题，使区块链已经做好了投入企业应用的准备。

许多企业可能会因面对它在隐私、规模或交易量、互操作性、共识、合同验证、工具、技术支持，以及来自量子计算的威胁等方面的技术挑战而感到压力过大。然而上述这些顾虑已经被许多开发商在区块链技术的各种实际应用中解决了。

有许可的和私有的区块链可以解决隐私方面的问题。它在维持参与者的匿名性的同时可以通过授权的参与者来确保交易的有效性，或通过模糊处理技术来防止私有信息的泄露。在公有链的实施中，企业可以选择采用链下执行的方式，即只把交易信息记录在公共账本中，同时另建一个影子账本以保持身份信息的私密。

区块链网络的可扩展性和总处理能力主要取决于所采用的安全和加密等级，以及共识算法的效率。如果你降低安全力度，处理能力就会上升。工作量证明（proof-of-work）模块是提升处理能力的最主要的计算量密集型和时间密集型部分。加密货币领域内的许多公共区块链项目每秒只能验证和记录不到十条交易。相比之下，像 Hyperledger 这样强大的企业级许可链能够在安全性不打折扣的情况下达到每秒处理一千条记录的水平。

另外，你也可以采用平行点对点的方式实现多通道处理。这种模式可以解决总处理能力方面的顾虑，确保区块链可以应用到许多企业用例中去。

考虑到现已实施的多种不同的区块链技术（比如以太坊，Hyperledger，R3 的 Corda，以及 Ripple 等），可交互性也是常见的顾虑之一。虽然商业应用和网络是建立在不同的区块链基础上的，最终它们必须在更广泛的经济范围内彼此交互。作为类比，你可以回顾一下网络的发展历程：起初是私有的、封闭的内部网，后来它们必须在互联网上彼此互通。在区块链领域里，相关标准和技术团组已经在为解决这类问题而努力工作了。

目前实际使用中的共识机制和相应的算法已经相当先进了。例如，Hyperledger 项目通过将节点按其角色划分到不同的团组以及对智能合约进行定制后运行，解决了容错和弹性方面的问题。而新兴的智能合约编程语言则可以对合同验证做到公平管理。许多开发商和开源社区都可以提供对工具、部署和运营方面的支持。

从某种程度上说，量子计算对区块链的安全性构成了威胁，因为量子计算有能力破解传统系统的加密技术。尽管如此，诸如格密码（lattice cryptography）技术之类的后量子密码学可以解决量子计算带来的威胁。

虽然采用公共链、私有链、许可链或混合链等模式可以解决掉大部分技术挑战，你仍需要清楚地确定你的项目环境中的以下各项内容：

- 你的商业用例的结构需求——即你将采用的是公共链、私有链、许可链还是混合链。
- 开放技术和标准技术方面的需求。
- 隐私方面的需求。
- 可扩展性和总处理能力方面的需求。

- 与现有系统和应用的集成能力。
- 部署、实施和运营的全程支持。
- 互操作性方面的需求。

本章小结

本章论述了区块链技术的颠覆性元素如何对传统的企业结构、商业模式和生态系统带来变革。这些特性从根本上为许多行业带来了对现状进行创新和挑战的无穷机会。区块链项目取得成功的最主要困难在于其应用范围、激励机制和管理结构，而不在于技术问题。

参考文献

1.《克劳 2018 年融资成本与欺诈报告》。
2. 高德纳集团:《2018 年世界范围内网络安全展望报告》。
3. Statista 公司报告:《2017 年至 2022 年世界范围内网络安全市场规模》。
4. 国际合同与商业管理协会报告。
5. Statista 公司报告:《2013 年至 2021 年世界范围内法律服务市场规模》。
6. 高德纳集团预测:《2017 年至 2030 年世界范围内区块链商业价值》。

7. 迈克尔·伯吉（Michael Burgi）:《为应对高达 70 亿美元的广告欺诈而采取了哪些措施》《广告周刊》（Adweek），2016 年 2 月 21 日。
8. 露西·韩德丽（Lucy Handley）:《研究报告：在线广告错失目标受众，使得数字化推广活动浪费数十亿美元》，CNBC，2016 年 12 月 20 日。

第三章

了解技术形势

区块链网络的开放技术架构、经济可行性和持久性是其主要的设计标准。

——尼丁·高尔

区块链具有巨大的潜力，远超其核心组成组件的总和。企业区块链提供了一种设计路径，其中交易数据、价值和状态本质上接近于业务逻辑，并且通过安全的社区流程来验证业务交易执行的安全性，从而为信任和稳健的交易处理奠定了基础。使用区块链作为另一技术选择当然是有好处的，该技术选择得到许可并适应所有随着时间而发展的监管平台。确实，区块链有望解决长期存在的行业问题，例如使金融和贸易系统现代化，加快证券和贸易结算。区块链的目标是实现货物和资金无缝地转移，是非常有意义的应用技术，其运行系统完全透明、可信任和参与者担责，所有这些中间过程都不需要中介，且速度更快，成本更低。

区块链：技术角度

如第二章所述，区块链技术被视为对医疗、供应链、贸易物流、金融系统和市场基础设施等现有行业具有颠覆力，并有望从根本上改变这些行业的运作方式。尽管如此，在采用区块链之前，必须解决一些与企业采用相关的棘手问题：

- 区块链目前缺乏公认的定义和标准。标准机构和国际标准化组织（ISO）倡议，例如 TC307 等，目前正在尝试对区块链的分类、术语和其他标准进行标准化。这些标准对于推广区块链非常必要。
- 为了在其生产系统中使用区块链，必须解决企业所面临的交易可听度、可见度以及与现有业务功能集成的挑战。
- 区块链是一种加密数据库技术，因其与网络货币（如比特币和竞争币 Altcoin）相关联而得到普及。但是，此项技术本身具有改变世界的潜力。区块链技术解决了时间和信任的问题，并提供一个消除中间商（去中介）的平台，不论其行业性质如何。
- 区块链支持的商业模式正在兴起，旨在通过使用共同方案和改变生态系统的动态来改变行业的运作方式。这些商业模式基于数字信任、数字资产、数字（信任）权益、跨账本和跨网络交易以及数字身份，旨在建立受信任的、安全的区块链驱动的商业网络，以促进一种新型互动，从而形成新的商业模式。

四大基础构件

从根本上讲，任何提议的区块链解决方案都包含四大基础构件：（1）分布式（或共享）账本；（2）加密协议；（3）共识工具（信任系统）；（4）智能合约和业务规则（图 3.1）。四个基础构件共同构成区块链技术组件，它们已经单独存在了几十年。除了每个技术领域的演变之外，它们的核心原则都可以被理解和接受。

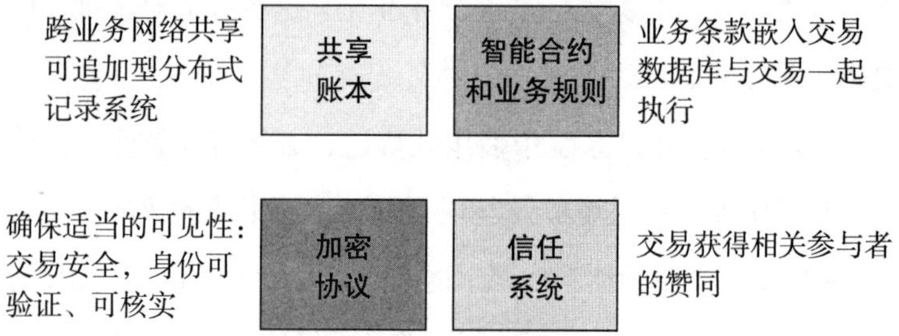

跨业务网络共享可追加型分布式记录系统

共享账本

智能合约和业务规则

业务条款嵌入交易数据库与交易一起执行

确保适当的可见性：交易安全，身份可验证、可核实

加密协议

信任系统

交易获得相关参与者的赞同

图 3.1　区块链的基础构件

分布式（或共享）账本

分布式账本记录资产所有权。这对于实现交易确定性至关重要。它确保不能更改分布式交易记录，并且仅接受追加的记录。尽管公共或非许可的区块链的预期设计是为了确保可见

性，但企业区块链必须考虑到消费者数据隐私问题，以及防止竞争对手获取商业信息的情况。

加密协议

“加密技术是关于构建和分析防止第三方或公众读取私人信息的协议。”

加密技术支持区块链安全的各种系统属性，例如传输安全性、哈希功能以及数据和数据包加密。加密技术还确保身份验证和可验证的交易。

加密技术着重于计算的难度，以使加密技术更难被分布式系统中的任何对抗过程所破坏。加密协议可与区块链网络的共识或信任系统共同运作。在许可分类账网络中使用时，加密因素会发生改变。

共识工具（信任系统）

共识本质上是一个有助于实现交易、实现群体决策的过程，它是区块链驱动网络的核心，并且与其他三个组件协同工作，以确保网络就资产转移或分布式账本的变更保持一致。通常，信任系统是此组件的首选术语，因为并非所有验证都是由共识系统完成的。

这一基本要素决定了区块链基础设施的总体设计和投资。针对区块链空间中的信任系统，已经有了许多新的创新方法，这些不同方法给特定用例提供了专门的用途。正是信任模型才使区块链高效，而且形成了区块链技术的主要要素（即信任、安全、可交易和所有权）。信任系统是区块链取代交易系统的主要驱动力。如果仅通过分布式或共享账本解决贸易和所有权问题，则多个数据库解决方案就解决这个问题。

共识系统直接影响计算成本和基于区块链的系统所需的投资，因此您在进行系统设计时必须考虑此成本。可接受的共识模型正在浮现，为区块链驱动的网络提供价值创造力。

智能合约和业务规则

智能合约（也称为链码）本质上是规范网络参与者之间资产移动的编码业务规则。链码有助于进行验证确认，并提供用于交易确定性的共识机制。

区块链可以运行代码。尽管当初区块链的设计意图是执行一系列的简单操作（类似于代币数字资产的交易），但此后，能使区块链执行更复杂的操作（在成熟的编程语言中已明确）的技术已经开发出来。由于这些程序在区块链上运行，与其他类型的软件相比，它们具有独特的优势，比如嵌入交易数据库并按交易运行的商业术语。任何业务都需要这种规则组件来定义价值流和交易状态。

为什么要用区块链?

为什么是区块链？为什么是现在？是什么使这项技术如此与众不同，以至于它吸引了巨额投资，并迫使供应链、贸易物流和金融业等行业以颠覆性危机来重新思考其商业模式？答案可能在于比特币区块链系统，它可能是对等非许可网络的唯一初始证据。尽管比特币区块链系统不能直接用于企业模型中，但可以从中汲取很多经验，之后再应用到成功的企业区块链中。

比特币恶名昭彰，缘于其为一种激进的、不受监管的流氓（网络）货币——这种声誉促使一些受监管的实体与其远离。但是，许多企业看到使用区块链的优点而视其为一种技术选择，该技术是经过许可的，且符合随着时间发展而演变的所有监管平台的规则。这种方法有望解决行业长期存在的问题，例如使金融和贸易体系现代化，以及加快证券和贸易结算速度。区块链的目标是实现货物和资金无缝转移，是非常有意义的技术应用，其运行系统完全透明、可信任并由参与者担责，中间过程不需要中介，且速度更快，成本更低。

尽管区块链行业认为企业界与加密界之间存在明显的分离，但我们发现，我们在理解使区块链如此具有吸引力的技术、信任体系方面存在脱节。比特币的宗旨是由经济激励（维护、长寿命、高可用性和系统维护的奖励系统），加密技术（避免混乱无序的并在非许可世界中维持秩序）和专门的计算能力（专用于比特币解决方案的大规模集群和硬件）所驱动。比特币是一种虚拟货币，既可以赚取也可以购买，实质上代表所投资的经济资源（人员、权力和时间）的价值。当我们将这些原则应用于分类账网络时，必须将激进的信任货币转变为可行的信任系统，您可以选择忽略该信任系统，或将其用作基于信任系统或共识模型的激励经济学的基础。

许多共识模型，例如拜占庭容错（Byzantine Fault Tolerant，BFT）或实用拜占庭容错（Practical Byzantine Fault Tolerant，PBFT），RAFT 和 Paxos（用来解决分布式系统中如何就某个值达成一致的算法，译者注），都可以解决所有用例。企业必须了解这些共识模型，并推动潜在资源（即人才、精力和时间）的投资。

对于任何进入区块链领域的企业来说，资源考虑因素举足轻重。这是比特币区块链世界的又一条原则，目前它由专用硬件控制，这反过来又增加了对资源的需求。数据结构（共享账本）、加密技术、加密和高输入 / 输出（I / O）（由于共享账本复制，共识和其他网络组服务）共同对基础资源提出了非凡的要求。

作为可消费技术的区块链

那么，为了使区块链成为一项消费技术，企业还需要考虑什么？以下是注意事项。

1. 企业整合：

a. 与现有记录系统（SoR）集成：该解决方案必须支持现有的系统，例如客户关系管理（CRM）、商业智能，以及报告和分析。这种集成也很重要，因为在这些系统中进行的投资巨大，并且已嵌入企业的各种运营要素中。

b. 区块链作为交易处理系统：记录系统可以保留作为采用区块链的过渡方法，但是企业不能将两个系统都作为交易处理系统——即一笔交易不能被处理两次。

c. 设计意图：减少干扰路径可加速企业采用。因为成本和运营中断，这是企业极为重要的考虑因素。

2. 审核和记录：审核和日志记录解决了企业技术首选的做法，例如变更管理、支持和高可用性灾难恢复（HADR）要求，以及企业业务实践和报告要求。为实现不可抵赖性、技术根本原因分析、欺诈分析和其他企业系统的目的，您必须满足有关监管系统的法规要求。

3. 监控：监视系统至关重要，因为区块链是一个网络，任何系统性影响（无论是技术异常还是业务异常）都会影响网络和生态系统参与者。此外，为了高可用性、容量规划、模式识别和故障识别的目的，您必须符合法规和公认的 IT 惯例要求。

4. 报告和法规要求：这是最重要的考虑因素，即便只是暂时采用区块链作为交易处理系统。为了满足这些要求，您应该创建与现有记录系统相连的连接器，以减轻负担，直到区块链成为企业意识，更确切地说，企业软件有区块链意识。

5. 认证、授权和会计要求：与比特币区块链的非许可世界不同，在许可企业环境中，必须识别和跟踪所有参与者，并在区块链生态系统中规定他们的角色。该领域的部分主题包括参与区块链网络的个人数字身份和企业实体的数字身份。诸如分布式或去中心化信任、数字身份、自主身份、同意管理和分布式访问控制（DACL）之类的概念正在发展，以便解决区块链网络的各种身份验证和授权需求。

企业区块链

当我们考察区块链技术的各个方面及其对企业应用程序的潜在好处时，我们意识到，区块链的格局不是分散的。尽管使用了许多创新方法，将这一技术应用于解决问题，这种创新导致区块链专业化，每个区块链供应商都提供一个不同的信任系统，即一个或多个区块链核心组件（例如共享账本、共识、智能合约和密码学）的不同方法来解决特定业务用例。这些专业的供应商们已经明确了业务用例，缘于这些用例受益于区块链强大的信任系统，该系统允许处理速度符合消费者对数字世界的期待。区块链的原则（例如去中心化、分布式、全局和永久性基于代码的可编程资产和交易记录）可以在管理此类交互中发挥作用，使交互能够跟上互联网的速度。

在考虑区块链技术的好处时，我们还必须考虑企业采用区块链作为主流应用程序交易系统。我们建议在企业应用程序平台中使用区块链时还需谨慎，因为这类平台受遗留问题和不断发展的模型驱动的设计所累。

在本节中，我们尝试揭开区块链的神秘面纱，并概述企业采用区块链技术时可能遇到的挑战。我们还着重探讨了三个主要领域，这些领域有助于在企业环境中描述区块链，如图 3.2 所示。

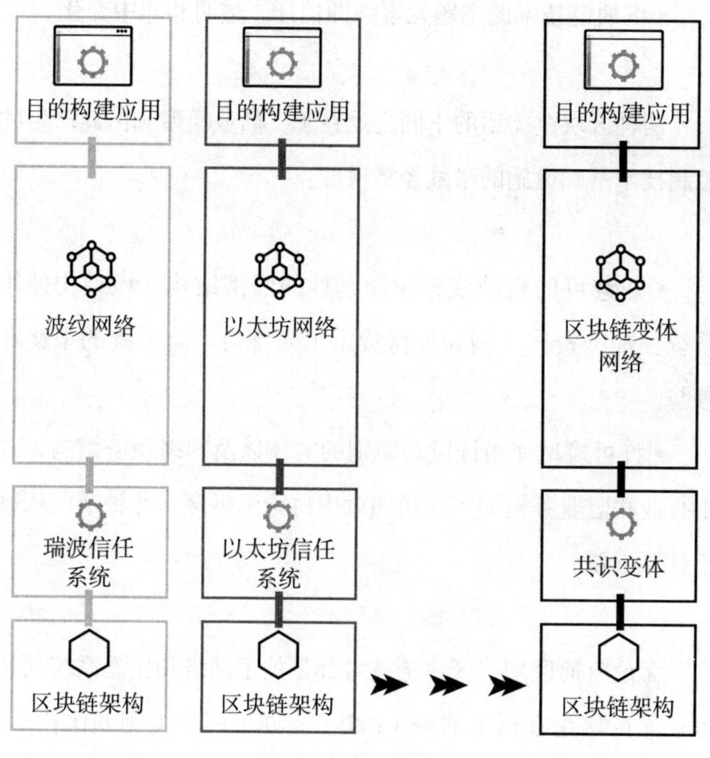

图 3.2 企业区块链

区块链的企业视角：技术与商业领域

在讨论区块链的技术前景和企业采用时，我们应该区分许可和非许可区块链。尽管这种区分并不简单，但是两种类型（及其变体）都有一些共同点：

- 技术组件。
- 区块链技术的主题元素，即信任、透明和非中介化。

两种区块链类型的不同之处在于，商业模型和由此产生的控制技术基础设施的激励经济模型：

- 非许可的模型依赖于激励性的经济结构，该结构使用系统性加密资产（例如加密货币）来维持生态系统的平衡和参与。
- 许可模型使用许可和识别的实体以及网络经济结构，并由行业联盟业务模型（在第四章中讨论）确定，此种情况依赖于计算权益。

无论有何区别，区块链技术都是关于网络和生态系统的技术。无论您是在讨论对等（P2P）非许可网络（例如比特币）还是企业对企业（B2B）许可网络（例如众汇），最终目标都是得到合适公平的商业模式支持，该模式通过嵌入的信任可以促进资产和有价物的流通。

对等区块链通常是开放的，因此“非许可”标签是一个合适的标签：没有人需要获得加入网络的许可。相反，许可区块链是一个吸引志趣相投的企业和相关业务生态系统参与者的网络，这些参与者需要获得许可才能加入区块链。术语“联盟”通常用于描述行业计划，该计划采用区块链技术来转变行业或对抗非许可区块链的颠覆力。随着时间的推移，由于行业趋势以及各种公共和联盟区块链技术平台和框架的业务被采用，行业扩展了这两种类型的区块链之间的分类和区别，并增加了区块链的变体。这个过程中出现了新的术语：

- 许可公众
- 许可私人
- 联合
- 混合
- 非许可公众

图 3.3 显示区块链的类型。

区块链被描述为一种以彻底开放为特征的数字信任网络，其中信任是利用系统透明性、不可篡改性和网络的集体验证来实现的。尽管开放性为基于加密货币的区块链服务，但其他类型的企业必须考虑对企业彻底开放性的意义及影响。

区块链的类型

① 联合

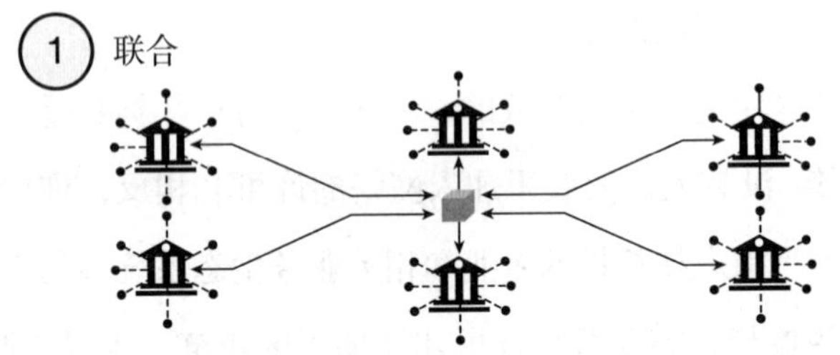

② 许可私人

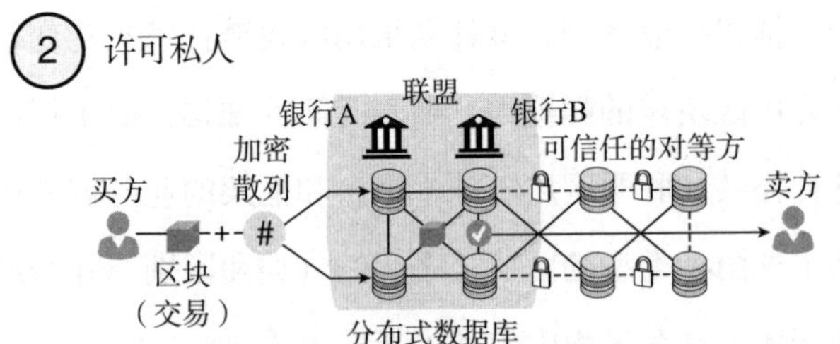

③ 非许可公共

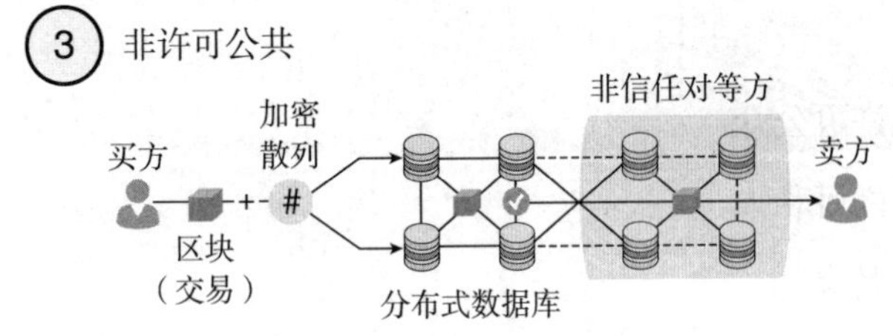

④ 混合

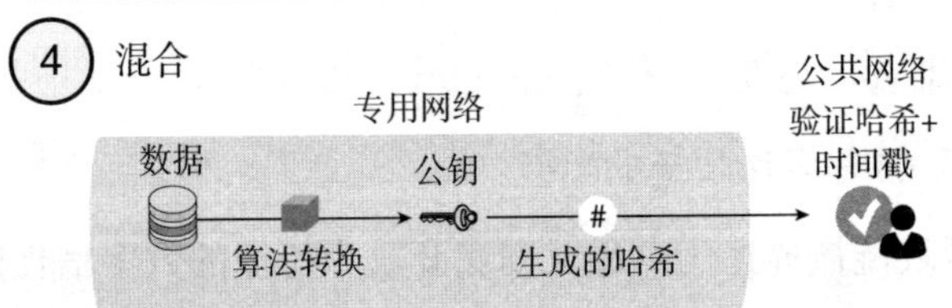

图 3.3　区块链的类型

公共区块链具有去中心化和简化的计算范式，该范式支持广泛分布的所有（货币）交易的主列表，该主列表使用匿名共识支持的信任系统进行验证。

可以在不修改区块链基本原则的情况下将这种无信任系统应用于企业吗？企业是否可以使用这种破坏性技术作为自身转型的途径，或者将其用作改善现有流程并利用信任系统效率的工具？在这两种情况下，企业都希望在试验阶段之后，采用该技术不会因为成本骤增和现有运营失常而中断当前系统。这就形成了一个有趣的挑战，因为企业当前系统的设计效率低下正是迫使它们首先考虑这种范式改变的原因。

许多被测试为证据用例和政府概念仍然无法被业务企业使用。金融服务部门是第一个尝试区块链试验的领域，但担心这些努力会被硅谷和硅巷的又一波新兴企业所扰乱。在消费者对速度和低价交易的需求驱动下，金融业具有明确的用例结构，其中包括贸易融资、贸易平台、支付和汇款、智能合约、众筹、数据管理和分析、市场借贷，以及区块链技术基础设施。很快，我们怀疑它的思维类型可能会渗透到其他行业，例如零售、医疗保健和政府。

尽管区块链技术结合了许多好的想法，但它目前的可见性仅限于加密货币，并且缺乏明确的标准以促进多域链之间的互操作性。因此，该技术要求企业拥有一定程度的理解力，或许能激发更多的创新和标准的制定（例如国际标准化组织的 TC

307 倡议）。该操作可能会创造独特的机会，以改善现有的业务实践（技术应用），并通过使用基于区块链的业务网络来建立新的业务模型。

判断区块链技术应用是否合理的试金石

不可或缺的是，确保您选择的应用区块链的用例是有效的，并证明对探索区块链作为技术选择进行投资是合理的。区块链解决了基于交易经济的五个方面：

- 贸易
- 所有权
- 信任
- 与数字资产（或代币化资产）交易
- 多方生态和互动

尽管这些原则可作为选择正确用例和问题域的试金石，但您必须从业务人员角度来看用例。具体而言，任何选择的用例都应实现两个主要目标：

- **解决现有的企业问题**。对于企业来说，这个问题应该足够重视，企业要付出资源、时间和人力，并具有一个确定的投资回报率。此外，该问题应集中于解决一个行业问题，例如证券贷款、抵押贷款、交易所或供应链。这一决策证明投资的合理性，并表明用例主要由企业的成本目标所驱动。

- **解决全行业的问题**。这样的问题涉及网络对问题域的影响。其要领是：如果一个企业可以自己解决问题，那么也许可以运用相同的才智来解决整个行业的问题。此目标对网络效应起决定性作用——一种受企业的收入目标（包括第一市场优势、市场领导地位、行业转型以及生态系统网络效应的所有必要条件）激励的追求。

高层次技术考虑包括以下问题：

- **信任体系和共识技术**：共识、挖矿、铸造（金币）、联盟特定共识、密码频谱等。
- **开放网络上的通信隐私**：加密频谱、加密、信道、双边和多边通信，以及监管和听觉角色。
- **业务集成系统**：集成到业务和企业系统中，其中包括对流程堆栈的可见性。
- **企业系统集成**：使用最少的破坏性路径与当前和遗留系统进行有意义的集成。

链决策矩阵

由于该技术的影响可能很深远，企业可能希望设计一套企业专用的标准，该标准可应用于使用区块链的现有或新项目。由于区块链技术的多功能性和当前的技术演变曲线，企业应使用链决策矩阵作为工具，以确保企业拥有结构化方法将基础技术应用于业务领域。这种方法还可以实现一致的区块链基础架构和信任管理系统，随着应用程序驱动链的发展以及企业可见性、管理和控制需求方面的增长，这种功能被证明是至关重要的。图 3.4 说明这种企业区块链平台的组件。

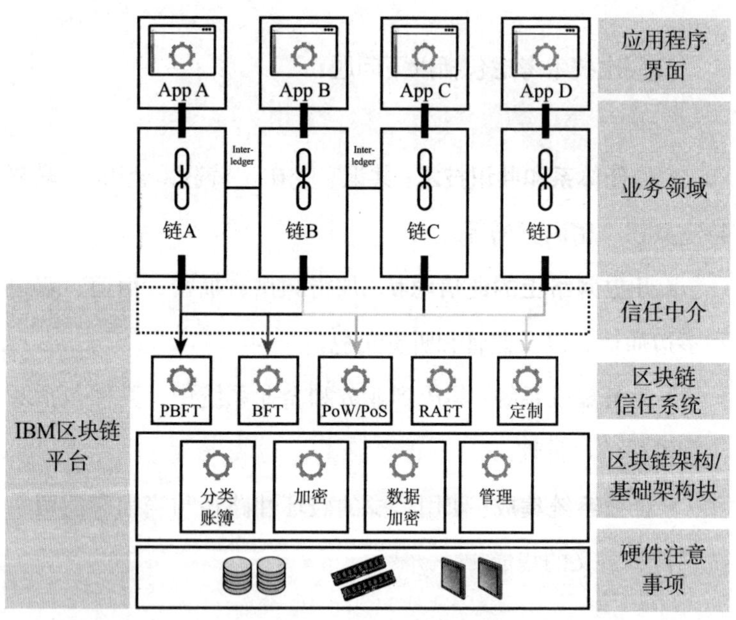

图 3.4　企业区块链平台

关于区块链的技术、商务和法规考虑

从技术角度来看，在任何企业中采用区块链的设计目标应集中于尽可能少地破坏现有系统。实现此目标的一种方法是考虑如何与企业记录系统集成，该集成系统将区块链驱动的交易处理和企业记录系统作为其他企业应用程序的接口（例如报告、商业智能以及数据分析和监管）。

设计范例还应将区块链技术基础架构与使用区块链技术的业务域分开。这种方法将区块链确立为企业看不见的企业链基础架构，同时促进了各种业务驱动链之间的企业协同作用。它还将业务域与支持它的技术分隔开。

区块链应用程序应当使用适用于业务域生态系统的、合适的信任系统的业务域来配备。任何区块链努力的核心都是安全设计、共识以及所选择的信任系统。系统设计应适合于区块链网络的业务模型。

所选择的信任系统还决定基础架构的成本和计算需求。区块链技术基础架构、可插拔信任系统的体系结构、信任中介和设计之间的区别，使业务链可以专注于业务和法规要求。区块链网络的经济可行性和持久性应该是主要的设计标准之一。技术基础设施应该是开放的、模块化的，并且可以适应任何具有专门产品的区块链变体，如此更易于管理。

企业协同效应意味着在各个企业区块链之间驱动协同效

应，以实现企业间和企业内部链（交叉账本）的连接。使用这种类型的模型，交易可以跨越各种信任系统和企业治理的各个方面。另外，控制系统对于这种相互作用是可见的。各个业务部门与外部企业之间的交互对于分形可见性（fractal visibility）很重要，并且与企业数据的保护相关。不可见的企业链基础结构为企业连接器的发展和应用程序接口（API）的公开奠定了坚实的基础，从而使现有系统能够链感知。由于业务链之间的有条件的可编程合同（智能合约），企业协同效应优势显著。

图 3.5 说明企业区块链基础架构组件。

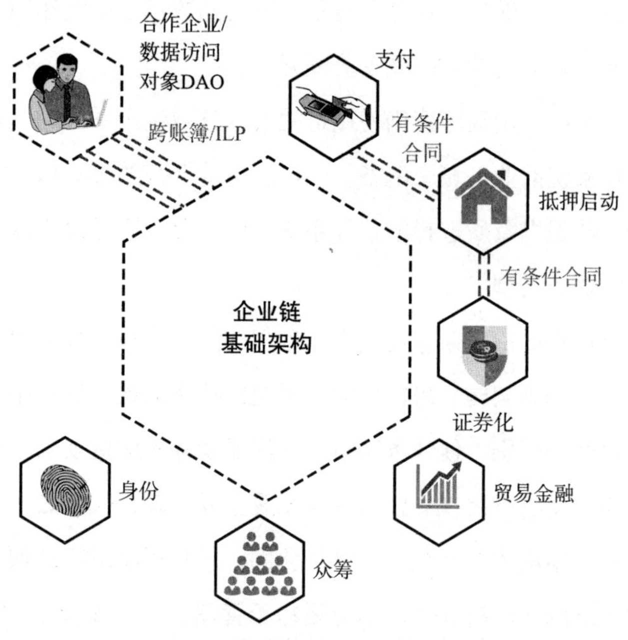

图 3.5　企业区块链基础架构示例

企业是否在选择正确的用例来使用区块链？更重要的是，对区块链消耗的考虑应该集中在与现有交易系统的集成上，还是应该让区块链技术基础设施具有企业意识？一个集成的企业需要多个专业用例，而且还需要驱动企业协同作用以完全实现企业区块链的承诺。用例应基于基本技术原则，并与支持可持续增长的正确商业经济模型配对。区块链消费技术的成功首先应着眼于技术，企业应考虑与现有企业业务系统集成，以降低对这种技术的集体理解的难度，同时建立一条最小干扰的路径加速企业采用区块链。

企业区块链的基本成熟性关键

尽管区块链的早期全都涉及颠覆、教育、理解、投资和商业模型，但现在该模型需要发展成熟并从行业欲实现的目标中获取收益：一个高效的系统，其内置的信任可催生出一个基于技术应用功效的高效市场。在本节中，我们回到基本原理，关注时间和信任的基础知识以及贸易、信任和所有权的区块链原则。

与众多客户的互动使我们意识到，我们仍然要专注于基础知识，以便真正参与到一个数字交易系统中，该系统包括可验证的数字身份、资产代币化（转换为数字资产）和数字法令（作为结算工具的又一种数字资产）。这种关注确保我们可以透彻阐述社会要素的基础，例如可验证的索赔、不可否认性、定义和验证所有权，以及将实物资产映射到数字资产（通过代币化）。此外，它确保治理系统是稳健的系统设计的结果，这种设计可以防止错误和欺诈行为，并确信由此产生的经济和金融系统已为数字时代做好准备。

企业区块链成熟度的基本要素包括以下内容：

• 数字身份作为确保区块链系统交易和所有权原则的基础技术。我们需要数字身份将所有权分配给数字资产。

• 数字法令可解决每笔金融交易和每个金融服务用例的最后一英里结算问题。法定货币作为结算工具必须进行数字化以跟上数字交易网络的步伐。

• 资产代币化，以确保数字表现形式反映真实世界的资产。技术平台必须确保资产被数字化，在系统中是唯一的、不能被复制并保持其完整性，以持有价值，并保留转让价值。

• 区块链系统的安全性设计，要解决不可抵赖性、隐私性、机密性和同意驱动模型的索赔可验证性。

• 区块链业务模型业务，以确保监管和企业系统可以找到正确的业务模型，推进基于区块链的业务网络的议程。

• 治理模型，其范围可以从自治网络到联盟定义的半自治治理结构。同样，您必须找到正确的治理模型，这对推进基于区块链的业务网络的议程很有必要。

图 3.6 描述企业区块链的基本元素。

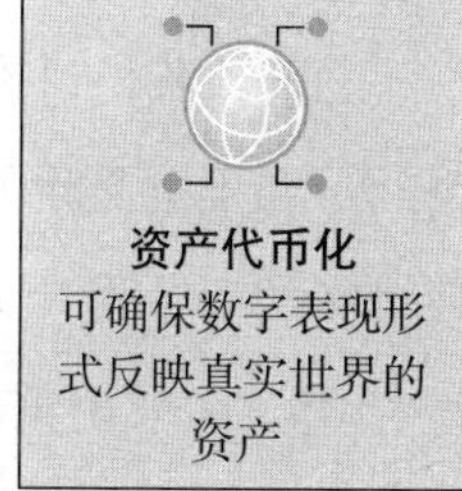

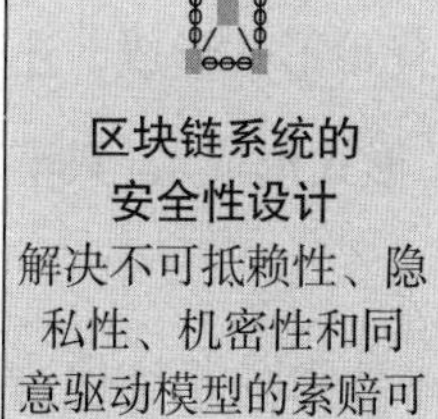

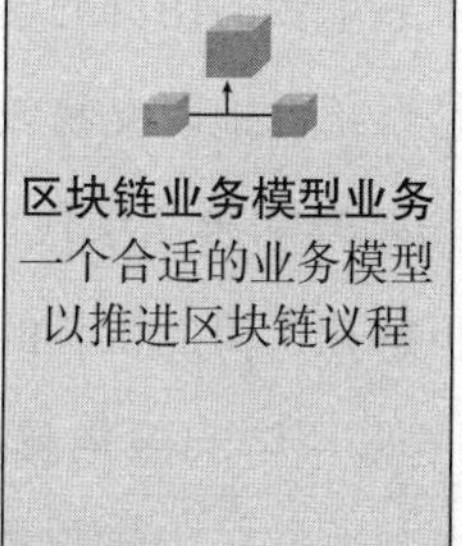

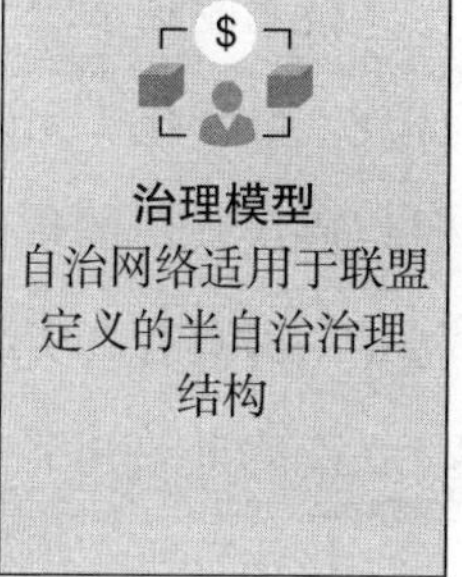

图 3.6　企业区块链的基本元素

代币革命

资产代币化：赋能下一代数字实例经济的关键

区块链驱动的网络的核心价值主张之一是由此产生的共创元素，例如数字交易系统以及价值驱动的生态系统和市场。资产代币化对于支持下一代数字经济以及为构建实例经济的新业务模型铺平道路至关重要。为了探讨这个主题，我们从一些背景知识开始。

之前，我们讨论了非许可世界所面临的挑战，即不遵守公约，并推进必将颠覆许多行业的多项创新。这些改变要么通过新的业务设计（例如首发代币募股）推动，要么通过传统行业尝试采用该技术来改变行业，或击败或保持颠覆的局面。

技术驱动平台与依靠平台的用例的这种结合依赖于价值的体现。数字化（无论是系统性地以交易效用代币形式形成，还是以底层代币的价值为基础的第二层代币的形式形成），只不过是一种具有真实或可感知价值的工具的符号。

作为非许可系统的区块链起源依赖基于技术的系统性治理，该治理机制由激励机制和协调机制组成。这种系统化治理被使用在尝试应用区块链技术原则的企业业务网络中时，其本身面临着一系列挑战。企业世界接受监管且依赖于许可区块链模型，其中的制衡机制由于竞争实体之间的交易而变得复杂，它们使用受监管数据并负有受托人责任。此类许可模型无法说明具体的或系统产生的激励措施（加密资产），也不具有网络协调机制，缘于隐私权和机密性问题。图 3.7 为各种类型的区块链和行业用例的示图。

图 3.7　区块链的类型和行业用例

代币化简介：了解代币革命

区块链技术为可信赖的数字交易网络奠定基础，该数字交易网络作为一个非居间化（或去中介）平台，由于新的数字互动和价值交换机制带来新的协同效应和共创，推动市场交易和二级市场的发展。尽管区块链本身提供了促进网络交换，所有权和信任的技术架构，但是在价值要素的数字化中，资产代币化不可或缺。现在我们就深入探讨一下吧。

在许多企业级和非许可区块链项目中，数字化是第一步。在区块链网络中，代币化是将资产和权利或对资产的所有权转换为数字表示或代币的过程。请注意，（加密）资产或货币与标记化资产之间存在差异。

（加密）资产或货币是一种交换媒介或一种协议驱动的交换机制，体现真实世界货币的相同特征，例如耐用性、有限的供应量和网络识别能力，同时又得到共同信念系统的支持（如法定货币）。（加密）资产或加密货币还是代表信任系统（共识）的副产品，用作支持激励经济模型，该激励模型奖励并推动了网络的信任系统，使其成为网络的可信货币。

相反，代币可以有很多形式：实体商品的数字表示（使其成为该商品的数字孪生子），或基于（加密）资产或货币并表示价值单位的第二层协议。这种区别对于理解交换工具、估值模型和可替代性在新兴的各种价值网络中发挥作用的方式非常重要，而这又带来围绕技术互操性和公平交换的挑战。

资产代币化带来的技术挑战是很有趣的：

• 确保有形资产（例如容器、金条或汽车）的完整性。

• 确保一旦代币成为有形资产的数字孪生子，使有形资产移动与数字网络中的代币移动进行无缝衔接。

• 确保网络中和跨网络代币的唯一性和完整性。

• 确保代币具有持有、转让和保留代币所代表的基础资产价值的能力。

• 有效地管理业务网络中代币的生命周期。

• 在资产类别以及支配资产类别的经济和业务模型中有效使用代币。

• 确保代币及其代表的资产的隐秘性。

• 确保跨账目代币决议、代币生命周期和治理系统在保留价值的同时将价值转移到其他价值网络和二级市场。

这些挑战可以使用设计良好的解决方案来解决，该方案使用区块链结构来嵌入信任和其他相邻技术，例如代币化平台、注册表、代币库和去代币系统。我们可以依靠成熟的区块链解决方案设计实践，以确保网络中代币的完整性、唯一性和价值保值。

谈到这些代币在网络中体现的“价值”与别的价值代币交换时，我们正目睹新的中介机构的兴起。它们的形式多种多样，从代币交换到去中心化交换，再到网络“资产桥”，再到代币注册表和存储库。这些中介机构解决了代币可替代性问题，但给当前价值交换系统增加了相同的成本和结算的难度。

今天的代币有许多不同的类型。尽管没有标准化的命名法，但是所有这些代币都有一个共同点：它们表示价值并使价值数字化。代币类型包括以下几种：

- 挂钩代币
- 稳定币
- 代币化证券
- 证券代币
- 实用代币
- 抵押和去中心化代币
- 非抵押和去中心化代币
- 抵押和中心化代币
- 首发代币募股
- 证券代币募股（STO）

几种行业定义

以下是来自行业对代币化的一些定义：

稳定币是价格稳定的加密货币，意味着稳定币的市场价格与另一种稳定资产挂钩（例如美元）。

普雷斯顿·伯恩（Preston Byrne）：稳定币通常是一种可以自行定价的资产，而非根据供需定价的资产。

稳定币形式再简单不过，简直就是价格稳定的加密货币，可以用法定货币计量。

稳定币的类型：法定抵押品、加密抵押品、非抵押品、去中心化抵押品、中心化抵押品、挂钩货币等。

代币化是一种将资产的权利转换为数字代币的方法。

代币化是将资产的所有权转换为区块链上的数字代币的过程。如何将现实世界的资产转移到区块链上，在获得比特币优势的同时又保持资产的特性，全世界的金融中介机构和技术专家都对此抱有极大兴趣。

不同的行业（加密和金融服务以及分析师协会）具有不同的看法和定义。这种多样性导致难以定义诸如技术、数字资产、传统和常规风险模型等的概念。

既然我们已经研究了代币革命，并区分了（加密）资产和货币，现在我们就来探索代币估值模型及其为何如此重要的原因。

代币评估模型和实例经济

尽管（加密）资产或货币作为网络（通常限于该网络）共享共同信仰系统内的交换媒介获得其价值，但代币可能具有复杂且分散的评估模型。许多渴望转换为自己的加密资产的代币（以首发代币募股和证券代币募股开头），无论是实用代币还是安全代币，都依靠社区来开发和识别价值。相反，许多其他代币只是它们所代表资产的数字表达。

如今，资产（例如股票、债券、证券、抵押和抵押支持证券）很难进行实物转让或细分，因此买卖双方选择使用代表这些资产的票据（或数字记录）进行交易。纸质（或数字记录）及其随附的复杂法律协议的问题，在于它们太难处理，而且对转移和跟踪构成挑战，从而导致交易不透明或欺诈。有一种解决方案是切换到使用数字资产的数字系统，例如，区块链网络上的代币化资产，但与资产相连接。

审慎的做法是，我们按行业类型（例如非金融、供应链或金融服务）或资产类型（非物质化、虚拟、真实资产等）对这些代币估值进行分类。这种分类对于建立一系列带有制衡机制的治理体系并代表一些行业认可的评估系统来说是必要的。若使用这种方法，似乎我们从区块链网络上对资产进行代币化获得的所有成果，就是模仿或创建当前价值网络的数字孪生子，还有法定货币，尽管可以解决交易的双重性，但可以被加密货币（包括数字法定货币）所取代。实际上，基于区块链业务网络的承诺不仅关乎数字化和解决时间及信任，而且还关乎利用网络参与者的协同作用创建新的业务模型和共创。

因此，我们看到了实例经济和二级市场的引入，它们是由资产实例推动的。资产的代币化可以创建商业模式，从而促进部分所有权或拥有大型资产实例的能力。部分所有权为实体的参与打开市场，而此前，这些实体曾因高资本要求或价值转移体系不透明而被阻止。此外，部分所有权开辟了一系列新的资产类别和资产类型，从而发掘出以前作为投资机会无法获得的资本的经济价值。

我们使用“实例经济”这个词是因为这种类型的经济促进

了资产的代币化，从而产生资产类实例的所有权。这种方法创造了市场交易和二级市场。

尽管区块链提供技术构想以促进网络交换、所有权和信任，但只有在价值要素的数字化中，资产代币化才是真正不可或缺的。代币化是指在区块链网络中将资产和权利或资产所有权转换为数字表示或代币的过程。加密货币和代币化资产之间的区别在于对一个重要概念的理解上，即各种新兴价值网络之间的交换工具、估值模型和可替代性。这些网络带来与技术互操作性和公平交换有关的挑战。资产的代币化可以促成业务模型的创建，从而促进拥有部分所有权或拥有大型资产实例的能力。在基于区块链的业务网络中，承诺的资产代币化取决于数字化以及解决时间和信任的低效，并且它可以通过网络参与者的协同作用创建新的业务模式。

理解数字资产（代币）的可替代性：代币估值和区块链生态系统的机遇与挑战

自从早期人们就加密资产和区块链展开讨论以来，人们对加密资产的态度发生了显著变化，并且该行业愿意努力解决有关（数字）商品和货币的交易、支付和转移的问题。

- 支付格局：零售、批发、银行同业和跨境发行。
- 与真实发展指数（GPI）第 3 阶段的相关性以及区块链

在往账来账（Nostros Vostro）中的作用。

• 稳定币和数字法定货币：支付创新、支付速度和新兴业务模型。

• B2B 产品的创新，例如应付账款、应收账款和 B2B 汇款。

尽管我们正在构建一个可以通过嵌入信任和透明度转移价值的网络，但在多数情况下，该价值是通过使用加密经济模型（挖掘、铸造或简单地诱发价值）的原理来创造的，或者在许可网络中，通过引入资产代币化来创建。您应该了解区块链网络中的主要价值驱动因素，这有助于理解用于评估区块链实体经济价值的核心原则。估值驱动因素包括以下几种可能性：

• 由加密经济模型驱动的代币，其本身受供求关系和网络效用驱动。

• 具有内在价值的不可替换代币（NFT），例如身份、文凭和医疗记录。这种代币是数字资产的存在性、真实性和所有权的有效证明。

• 由网络中经济活动总量（加密货币）估价的可替换代币，其效用（智能合约和交易网络处理），其赋值，例如稳定币和安全代币中的价值等。

在这一点上，我们必须定义和理解代币化的值。有许多不同的代币类型和分类，它们存在一个共同点：表示价值并使价值数字化。

定义可替代性

在经济学中，可替代性是“一种商品的特性，其独立单位基本上可以互换”。由于它依赖于代币及其经济模型，因此该定义对区块链世界具有影响。在本节中，我们探讨了基于代币系统的两个基本规则：

- 代币评估模型
- 代币可替代性和资产交换机制

代币评估模型

代币评估模型决定系统资产的价值。简而言之，如果我们选择从事诸如交易处理之类的经济活动并将资产用作货币，或者如果我们将代币用作公用事业或证券，那么我们必须知道资产或代币的价值。

评估区块链公司经济价值的考虑因素包括：

业务解决方案：

• 问题域：我们正在解决的业务问题是什么？行业格局是什么？我们通过创新发展的方向是什么？

• 潜在市场：问题域的总成本是多少？例如，问题本身或行业细分的成本是多少？

• 监管和合规情况：监管环境可以帮助或阻碍采用新技术主导的商业模式。

• 竞争性框架和替代方案：其他框架实体在有或没有分布式账本技术（DLT）或区块链的情况下如何尝试解决问题？

技术设计与架构：

• 共识设计：这种方法产生了信任系统和区块链网络的经济可行性。

• 区块链原则：共享账本、加密元素、智能合约和安全是基本概念。

• 区块链基础架构：网络定义云、特定地理位置的部署、技术人才（或对其的访问）、服务水平协议（SLA）和其他组件。

货币化策略：

• 代币模式：运营费用用于写入由区块链驱动的商业网络的分布式数据库。

• 代币作为交换媒介：参与实体借出或出售代币作为一种过渡性货币。

• 资产配对交易：这种做法可以将利润货币化。

• 协议商业化：技术服务包括云和软件、实验室和咨询服务。

网络的力量

我们可以推知网络的力量和共同创造模型的幂指数，以创建新的商业模式并产生经济价值。

代币可替代性和资产交换机制

您必须了解代币的可替代性和资产交换机制，以便了解交易处理的二重性，即交换值得交易的东西的（数字）价值。凭借可替代性和资产交换机制，每一种加密资产都不会超出其最初的网络范围。没有可测量的和可定义的估值模型，就无法确定这些加密资产或代币的实际价值，无论其分类如何，这意味着交换是一种投机价值。基于投机的情况下，很难创建可持续的经济生态系统或市场。

现在已经有人提出各种处理资产交换的方法，这些方法为企业提供可替代性和资产交换模型：

- **中心化交易：**中心化实体不使用也不遵循区块链技术的去中心化性质。该业务模型基于为加密资产提供专门交换服务的中介。
- **去中心化交易所（DEXes）：**去中心化交易所解决中心化交易所的非居间化问题，消除成本和摩擦，同时专门从事加密资产的服务交换。去中心化交易遵循去中心化模型并启用对等交换。例如，原子交换和原子跨链交易需要在没有可信任的第三方的情况下将一种加密货币兑换成另一种加密货币。

- **跨链交易：**代币或其定义在网络中移动时，各种代币类型之间的交易，确保资产（和交易）的完整性。

- **资产桥接：**像跨链交易一样，资产桥接解决因创建、有效性和生命周期而受限于其网络范围代币的问题。借助资产锁定之类的技术，网桥可确保锁定资产不会被交易且不会更改所有权。

您必须确定系统资产的价值，原因很简单，如果我们选择从事诸如交易处理之类的经济活动，并将资产用作货币或者将代币用作公用事业或证券，那么我们必须知道资产或代币的价值。可替代性和随后的资产交易给加密资产世界带来一种有趣的动力，因为每一种加密资产都局限于其初始网络。没有可测量的和确定的估值模型，就无法确定这些加密资产或代币的实际价值，无论其分类如何，这种交换只是一种投机价值而已。正如先前所提到的，投机很难创建可持续的经济生态系统或市场。行业已采用各种方法来实现资产交换，由此提供了一种可替代性和资产交换模型，该模型支持更具体的市场结构，而非仅仅是基于投机的目的。挑战在于确定正确的评估模型并选择正确的选项，以实现代币的可替代性并促进交换。在技术进步和由此产生的商机中可以找到绝佳的机会，例如第一市场优势以及扶持新的产业和商业模式。

关于有意义的及可持续的区块链驱动商业网络的一些思考

区块链作为商业网络的长期承诺，意味着创建一个可信赖的非居间化平台，该平台可提高市场和成本效益。区块链市场份额，包括技术以及在其发起的网络和生态系统中使用技术的行业，都由不断发展的业务网络估值模型来定义。

在本节中，我们讨论了有意义且可持续的区块链驱动的商业网络的发展。过去几年，该行业（技术公司、金融科技创新生态系统和行业协会）所做的工作主要集中在酝酿技术成熟和促进企业和公司采用该技术作为解决当前问题的方法，为新的商业模式（企业和随后的行业重点）铺平道路。随着行业和企业意识到区块链技术的潜力，并重新构想当今的业务网络，这些业务网络为过时的流程、纸张和文档驱动的流程以及系统成本所累，它们还必须解决与采用区块链驱动的商业网络相关的长期考虑因素。

为了有效地使用区块链，您必须考虑业务网络的其他机制：

- **共识模型选择矩阵：**行业必须为共识模型开发一个选择矩阵，该模型定义信任系统、共谋向量、相关的计算成本以及支持定义业务网络的信任系统所需的基础结构投资。

- **系统性行业治理：** 技术和行业特定的治理对于系统数字资产、行业特定的要求，以及管理特定生态系统中数字资产或代币化资产移动的业务系统是必需的，无论这种移动是永久的还是临时的。本质上，这种治理明确了一旦系统出现异常，哪些实体可以做什么、谁负责、谁调查，这些问题，其实也是特定行业所担心的问题，必须在系统设计和网络初始化中加以管理。

- **资产代币化、控制和治理：** 管理资产发行、抵押、所有权和存在证明以及审计要求，都需要行业特定的元素，以确保系统中真实资产的完整性。该要领是将制约与平衡机制加入控制供需的系统中，并建立审计跟踪，以维持对商业网络的系统信任。

- **去中心化权威框架：** 去中心化控制和权限的概念与信任系统紧密相关。当然，在去中心化的系统中，权威的概念行不通。因此，此设计原则的重点是治理、责任和法规。

- **去中心化和安全注意事项：** 去中心化和分布式分类账具有不同信任优势，例如透明性、不可篡改性和全网络交易处理。尽管这些优势适于建立整体信任框架，但它们也可能给企业带来有关分布式数据和业务洞察力的挑战，这些挑战可能给某些参与者带来竞争优势而给其他参与者带来劣势。安全设计必须考虑到企业安全性，同时解决共享业务网络带来的新的安全挑战。网络安全风险和漏洞是重点关注的领域。

业务网络是行业特定、行业细分特定和资产特定的网络，这意味着没有单个主导区块链控制所有其他区块链，而且有许多区块链业务网络存在。区块链网络可以专注于多个业务领域，例如抵押、付款、交换以及清算和结算特定资产类型。在企业区块链中，这些项目限于中心化（在去中心化的环境和应用程序设计模式下）网络内进行，即在由志趣相投的业务实体之间结成的共识联盟内实施。这种假设建立在许多实际因素基础之上：

- **行业特定、细分特定、资产特定的业务语言：**该用语将智能合约、资产定义以及智能合约的控制和治理定义为代理业务表述。
- **行业特定的资产控制：**该因素定义资产的数字的（表示或）代币化的治理、管理和评估（针对资产交换、资产可替代性及其他）。
- **行业特定和地区特定的法规：**大多数业务网络的范围都是特定于行业和地区的。在受管制的行业中，业务网络依据网络中分摊的遵从性、合规性和相关成本，分别接受监管。
- **行业特定的业务功能：**大多数行业都有自己的测量要求、标准和统计数据，它们代表性能指标，例如分析和市场数据。

对于当今的企业而言，由区块链支持的业务网络受到当前业务网络的限制。业务设计会影响技术设计，而技术设计又可能会影响业务网络的可持续性。如果业务网络的系统设计与区块链的宗旨（即多方情形中的贸易、信任、所有权和交易性）不一致，那么区块链的最大优势可能会成为其最大的劣势，而业务网络可能永远不会完全实现区块链网络的承诺。

企业整合：与现有记录系统共存

区块链与企业系统的集成是一种业务和技术考虑因素，归因于下游交易系统进入并依赖于关键业务和操作系统。各种区块链项目评估显示，相邻系统集成会对区块链项目产生重大的成本影响，如果您在计划初期不解决这些成本问题，则可能会对企业采用产生负面影响。这些阻碍因素可能会干扰企业的运营。此外，由于业务模型改变、业务流程创新和技术进步，各种零散系统也许已成为遗留系统的扩展（创新），可能给区块链集成带来挑战。

我们还需说明一下相邻企业系统，它们要求对区块链应用进行企业集成而且具有运营影响。在最佳情况下，贸易、信任和所有权的要素，还有区块链固有属性（例如不可篡改、出处和共识）将促进建立信任系统，以帮助消除冗余和重复的系统和流程；这样的重复系统在资源的大量分配方面为企业带来成本，导致交易处理延迟和相关的机会成本。我们的目标应该是解决现有流程的基本问题，由此建立一个一致透明的分类账，以解决信任和时间要素问题，节省大量成本并改善客户服务。

区块链系统的可扩展性

可扩展性被定义为“一种系统设计原则，其中实施情况将未来增长考虑在内”。它是针对系统扩展能力和实施系统扩展所需工作水平的系统衡量标准。

由于业务的动态性质（监管、竞争压力、市场动态等）以及吸纳新人员带来的网络增长，例如新的生态系统参与者，包括现有参与者（监管机构、做市商、流动性提供者、可替代性提供者、服务提供者等），区块链业务网络设计应针对可扩展性。关于区块链系统设计中的网络可扩展性，必须考虑以下几个因素：

- **可扩展的成员模型：**此设计必须支持吸纳各种各样的参与者，保证参与者的数量以及所要求的交易处理能力。业务会随行业变化，意味着加入网络的成员也会发生变化。网络的设计必须能够承载并应对网络中的成员身份更改。各种网络参与者可能想加入或退出网络。成员更改的机制包括访问（共享）数据，这点在设计中必须加以考虑。成员类型也是一个重要的考虑因素，因为成员的角色和类型可能会随着区块链冲击或将某些成员类型去中心化而改变。

• **信任系统的可行性——计算权益与网络经济激励：**对于许可的（公共或私有）网络，合适的信任系统选择及其对基础设施投资和经济可行性的影响非常重要，因为基于加密资产（基于加密经济模型）的信任系统与基于计算资产净值/权益（或非加密货币）的信任系统之间存在鸿沟。我们必须考虑长期的可持续基础设施成本及维护，这与参与者的类型及其在业务网络中的商业利益直接相关。例如，监管机构的成本模型不同于区块链驱动的业务网络的主要受益人的成本模型。

• **共享商业模型——共享的成本和共享的收益：**由于基于区块链的业务网络是一种网络和生态系统，因此它具有共享的业务流程，而不是扁平化的业务流程。区块链驱动的业务网络具有专门的业务优势，例如风险降低、可靠且可预测的交易网络以及合规成本降低，多种优势合力带来了良好的投资回报率。

但是，共享的业务兴趣会产生其他运营方面的问题，例如在实体加入和离开网络时数据共享和数据所有权问题。关于数据所有权的法规，以及有关数据使用期限的行业要求也会不时更改。区块链网络上扁平化的业务流程产生的基础架构、合规性和效率的共担成本是此方法的明显优势，但是获得这些效率只能依赖于可持续的业务网络结构和正确的经济模型。

区块链项目的可持续性

许多设计领域（例如业务模型、技术设计、信任系统选择矩阵、设计和采用治理结构，以及持续的系统分析）都是保证在区块链项目部署早日成功和长期可持续性的途径。其要领是设计一个健全的、可扩展的有机系统，它可以随着业务生态系统不断变化的需求而成长，而不会局限于灵活性有限的技术当中。

规模、安全性、数据可见性和网络可扩展性等因素可用来创建可持续的业务网络。网络发展和壮大之后，在使用网络共担交易成本时，有关系统性问题，如信任模型、数据可见性和竞争优势问题将无回头之路。保持对可持续性的实质性关注是一个复杂而矛盾的追求：它促进开放式协作创新，同时锁定了某些结构，如共识或信任系统以及管理资产、智能合约和多方交易网络中的整体交互的治理系统。

当我们讨论签署交易与挖矿交易相比，在建立对网络信任的优点时，请注意，区块链驱动的商业网络在发展过程中受到当前商业网络的限制。这不是技术问题，而是商业目标问题。如果业务网络的系统设计与区块链的原则（在多方情形中的贸易、信任、所有权和交易性）不完全一致，则区块链的最大优势可能会成为其最大的劣势，商业网络可能无法完全实现区块链网络的承诺。但是，明智地选择诸如规模、安全性、数据可见性和网络可扩展性等因素可以使商业网络获得持续发展。

本章小结

本章讨论了整个区块链技术前景，并解决了企业（许可）区块链与公共（非许可）区块链之间的信任划分问题。了解信任系统的技术基础极其重要，这为同一网络内各个参与者之间的无信任交互奠定了基础。企业区块链设计和企业集成将不可避免地影响解决方案部署的成本和应用程序的持久性，因此经济激励措施是任何区块链网络的重要组成部分。这种区别对于评估加密资产和确保由区块链驱动的商业网络的持续和持续增长至关重要。

第四章

关于商业模式

> 区块链凭借分布式组织结构和去中心化生态系统组合创建了新的可信赖的商业模式。
>
> ——尼丁·高尔

了解并采用区块链对企业构成挑战。挑战包括从确定用例到创建生产路径，以及两者之间的所有操作，同时还要缩小决策差距。面对这些关键任务，我们要确立一套方法，使人们更广泛地了解区块链业务线，确保一条经济可行的途径拥有明确的、明白无误的投资回报率。

企业采用区块链的途径：一个规范性的方法

人们普遍认为，在许多情况下，区块链技术可能会从根本上改变企业互动的过程以及（金融）机构处理交易的方式。具体而言，技术的应用可以消除流程中的成本和摩擦，创建不可篡改的交易记录，并以接近实时的确定性促进透明账本近乎瞬时更新。它还可以极大地改变企业内部现有流程的设计。

实施包含交易处理在内的目标用例区块链，目的是希望降低运营成本，并创造新的商机，而这些商机离不开将多个参与者置于同一区块链的“网络效应”。这种合作的潜在好处包括分担风险评估和分析与审批流程的成本，减轻系统风险并为参与企业提供奖励。有了众多的区块链，成本优化缘于许多组件共担成本，而这在根本上是通过网络级别扁平化的现有业务流程来实现的。按照这种方式，参与者可以扩大范围，开启单个企业业务流程，并开放扁平化的全网络业务处理。但是，这种思维模式要求在计划和设计商业模式方面发生根本性的转变。

为了使这个规划范例形成体系，我们需要一种设计方法论。此种方法论提出一个四步过程，该过程使企业能够明智地分配其资源，降低每个级别的风险，并确保方法中每个步骤的工作成果都可以有效地应用于集体决策过程。四个步骤如下：

1. 确定合适的用例。
2. 设计商业蓝图：提炼现有商业流程。
3. 将业务蓝图映射到技术原则：设计技术蓝图。
4. 确保企业与（传统）企业系统的整合。

这种方法背后的核心和基本思想是实现业务驱动的焦点，

并确保将正确的敏锐度应用于正确的关键绩效指标（KPIs），以衡量项目的成功并达到预期的结果。我们采用对行业和企业有影响的单一用例，并将业务和技术敏锐度应用于问题领域。该用例选择过程测试业务线（LOB）所有者的决心和承诺。其结果是得出一个深思熟虑的业务架构结构和技术蓝图，包含合规性、审计和企业集成的要求。

我们将详细介绍每个步骤，这些步骤在图 4.1 中进行了直观总结。

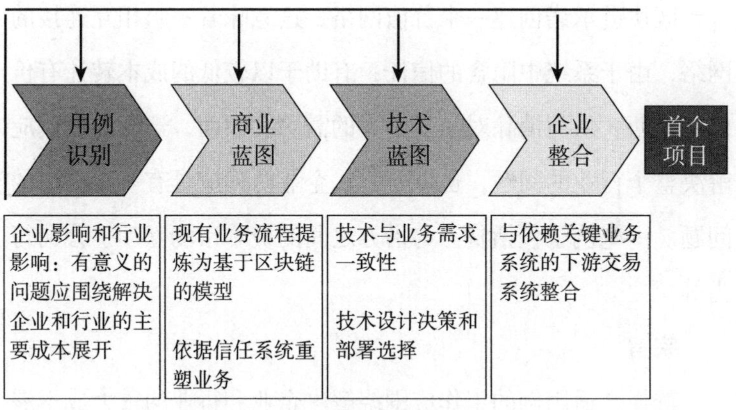

图 4.1　企业采用区块链的途径

1. 确定合适的用例

在此阶段，我们应该花费大量时间和精力，以确保我们选择的用例具有两组特征：

企业影响

在通过区块链原则测试（贸易、信任、所有权和交易性）后，指定为区块链采用的用例解决了企业时间和信任问题，从而节省了大量成本，并解决了对时间和信任的迫切需求，这些需求表现为冗余系统和流程。此步骤有助于证明成本、区块链项目的投资以及总体投资回报率（企业可以理解的一种语言）的合理性。

行业影响

区块链承诺创建一个价值网络，这意味着一组相互连接的网络，由于系统中隐含的信任，有助于以较低的成本转让有价值的东西，从而消除对信任中介的需求。因而，选择的用例应解决整个行业的问题，也就是说，企业队列应具有一组类似的问题。一些例子包括贷方与借方之间的资本市场互动、公司行为等。

宗旨

选择合适用例的工作应围绕解决企业和行业的重大成本展开。如果企业层面投资仅使用“网络效应”，且行业采用区块链作为信任平台，这种解释有助于证明成本合理性。

2. 设计商业蓝图：提炼现有商业流程

接下来，我们采用一种设计思维方法，其思想是将现有业务流程提炼为基于区块链的交易模型。在此步骤中，初步设想是阐明现有业务流程的所有方面，包括其合规性要求和对外部系统的依赖性。此外，随着这一步的进行，现有的业务流程被提炼为基于区块链的模型，该模型支持诸如来源、不可篡改、扁平账本和智能合约等特征，控制账本、验证和分发。

此步骤很重要，因为在此阶段取得的工作产品会进入技术设计和蓝图。这个过程定义技术元素，例如块数据格式、共识、结构和（链码）智能合约的治理（本质上就是将来各种企业实体与外部实体之间的交互设计，因为行业目标网络效应），以及信任和治理模型。

宗旨

区块链承诺创建一个价值网络，从而形成商务网络的概念。因此，重要的是要了解交互模式、低效率和漏洞，并开发出区块链模型来解决这些因素。毕竟，我们正在依据信任系统重塑业务。

3. 将业务蓝图映射到技术原则：设计技术蓝图

制定业务蓝图的工作产品将用于技术蓝图的开发。该计划有助于做出许多必要的技术决策，例如（其他除外）区块链数据模型选择，共识、审核和日志记录要求，部署模型，交易要求，数据可见性，以及整体系统安全性，包括身份验证和授权。

这是一个渐进的步骤，意味着企业在设计区块链技术蓝图的早期步骤上花费的时间和精力越多，这项工作就越有可能产生精准的部署模型。在此阶段将做出关键而持久的技术决策，例如块数据格式（与下游系统兼容，或者可能需要转换以进行整合），共识（基于与内部和外部系统的交互作用），数据的分形可见性（基于各种业务交互和规则），与现有安全系统的集成以及技术堆栈和部署（云、内部部署或混合），这是运营方面的关注点，并且是重要的成本考虑因素。

宗旨

至于技术与业务需求一致性，我们必须确保我们做出正确的技术和体系结构选择来解决业务要求问题，例如每秒事务（TPS）、技术服务水平协议、企业集成、外部系统集成，以及法规和合规性要求，以使区块链在企业中发挥作用。这些考虑因素还需要进行技术尽职调查，以阐明区块链项目的预算并降低风险。

4. 确保企业与（传统）企业系统的整合

鉴于运营的考虑，我们还应该考虑为区块链应用程序需要企业集成的辅助企业系统。其目的是验证贸易、信任和所有权等关键要素的存在，以及区块链的固有特性，例如不可篡改、出处和共识。理想的状况是，由此产生信任系统应有助于消除冗余和重复的系统和流程。这些重复系统需要使用大量资源，因而导致交易处理延迟和相关的机会成本提高。

我们的目标应该是解决现有流程的基本难题，从而建立统一扁平的透明账本，力求解决信任和时间的问题，节省大量成本并支持更好的客户服务。

宗旨

企业集成，特别是与相邻系统的集成，是重要的考虑因素和成本点。由于下游交易系统依赖关键业务系统，因此这既是业务方面的考虑，也是技术方面的考虑。在许多情况下，相邻系统的集成会对区块链项目成本产生重大影响。因此，如果这种集成在计划阶段的初期被忽视，有时会给企业采用带来较大的挑战。

商业建模与设计

优秀的区块链网络设计包括各种不同兴趣的参与者，他们专注于区块链驱动的商务网络与生态系统核心的资产和价值，从而建立新的合作伙伴关系和发挥共创协同作用。花足够的时间来设计正确的区块链商业模式对于区块链业务网络的成功与增长至关重要。实际上，除了概念验证（POC）阶段，合适的业务设计是区块链项目需要考虑的一个重要因素。该设计考虑的是各种备选区块链业务模型：缩减潜在用例名单并最终选择其中之一，接下来定义业务结构以应对业务转型和中断的困境。

在上一节中，我们描述过一种规范性的方法，该方法是先进行适当的用例识别，明确商业蓝图，然后再开展概念验证试验和更为深层次的技术驱动演练。例如，发现正确的技术和做出设计决定，进而酝酿出经济上可行的解决方案。迄今为止，区块链技术界、企业界以及渴望转型并免受颠覆力影响的行业已经将其大部分精力投入技术设计中，他们就正确的技术方法、数据结构、共识模型和整体部署选择展开争论。相比之下，却很少关注将成为区块链网络和生态系统基础的整体业务设计。

从本质上讲，许多行业似乎将区块链视为一种技术平台，它将改变某种行业（如提高成本效率、合规成本、透明度等）或颠覆这种行业（如非中介化、创建新的中介、共创模型等措施）。无论哪种情况，区块链都是参与者的网络，他们形成生态系统和协同的决策流程，以达成交易最终确认并促进建立一个鼓励网络参与者之间共创的平台。随着区块链网络的发展和壮大，以及新参与者的加入或退出，网络的动态无疑将发生变化，双边或多边关系可能会出现。这些变化很大程度上是由链码或智能合约强制执行的静态双边或多边参与所驱动的。

除了使用不可篡改、密码学、分布式数据库和智能合约等区块链技术结构来解决信任的概念问题，网络设计需要注意的事项还必须包括并涵盖特定于行业的交互模型。就是说，并非每一次互动都是双边或多边的，有些是对市场状况做出反应的固有的变化形式。区块链增长和演进的模型必须包含以下概念：网络治理、入职、下线、确保完整性和交易服务水平协议的成本、管理技术成本，以及网络的维护成本和持续成本。

区块链网络的管理包括各种激励经济模型，这些模型围绕合规成本和多方网络中的受信响应的委托展开。商业模式的开发能确保区块链解决方案的持久性，这同技术敏锐度和业务设计需要考虑的事项一样重要。因此，企业必须考虑区块链商业模式才能参与激烈竞争。

商业模式注意事项

区块链商业模式注意事项包括：

- 成本与风险
- 企业核心竞争力和生态系统中的角色
- 共创元素带来新业务增长的途径
- 转型（企业）和颠覆（行业）
- 竞争与合作

区块链行业（业务和技术驱动力）在非许可（或共享账本）界和传统行业界之间已经出现了分歧。非许可界拒绝遵守任何公约，并继续推动许多创新，以新的业务设计颠覆了许多行业（例如首发代币募股、证券代币募股和稳定币）。传统行业可能会采用该技术来寻求行业转型或缓解困境。无论是哪种情况，区块链网络业务都需要一种经济模型才能蓬勃发展。

颠覆性（非许可）业界正凭借激励性经济学的诱惑力吸引着技术投资、人才和市场协同。例如，大多数首发代币募股（无论证券与实用型代币之间的区别如何）都依赖于代币经济学，它描述的是网络中价值创造的经济体系。本质上，系统或网络能为提供者和消费者创建平台，或者共同创建价值网络来创造价值单元。由于该网络在其业务模型中是自治的，可以授权给不同的实体，它们可以使用网络发挥其优势，如为创造带来便利、分配和共享成果，让所有利益相关者都能受益。

就其本身而言，许可的网络必须为企业和机构找到正确的激励和经济模型来加入一个平台，其利用创造、分配、共享成果这一概念使所有利益相关方受益。尽管并非所有常规业务和行业都可以采用代币经济学的经济激励措施（由于产品目录、遗留系统、法规或潜在参与者缺乏意愿），但行业仍必须开始探索正确的业务模型，以支持价值创造，并对许多行业迫切需要的现代化工作进行升级，以应对颠覆效应。

以下是有关区块链业务模型的一些想法：

- 商业模式是一个重要的考虑因素，因为正确的商业模式决定了技术设计和平台选择，以便为成长阶段所需网络和稳健设计提供资助。

• 商业模式设计还提供了一个用于业务谈判、订约工具和其他业务活动的平台，例如采购、共享服务、法律服务和行政管理。同样，它清楚地将区块链网络业务同业务和技术运营区分开来。

• 经过深思熟虑的区块链网络商业模式为业务连续性、资金和采购模型以及整体增长提供了重要途径。整体增长是由业务网络的经济和财务结构驱动的，而业务网络本身是由区块链技术原则所驱动的。

• 精心设计的业务设计可以恢复平衡，促进与某些网络参与者竞争的各个实体之间的顺利交互，并证明与其他网络参与者进行合作和共同创造是有必要的。区块链网络的共创元素对于区块链网络中业务的持久性和持续增长至关重要。

• 区块链业务网络也可以是一种业务。一个促进共创和新协同作用的平台必须使用确定的服务水平协议来进行管理和运营，它还必须具有强大的管理结构，能吸引新的参与者，并可以维持其创始人和现有参与者的信心以及所享有的业务利润。

图 4.2 说明了区块链网络的四种商业模式。

正在考虑用于许可或特定于行业的区块链网络的各种商业模式包括以下四种：

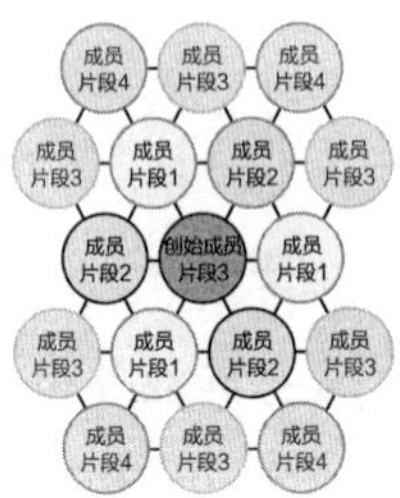

创始人领导的网络

单个公司推动初始项目，
其他公司随后加入该网络

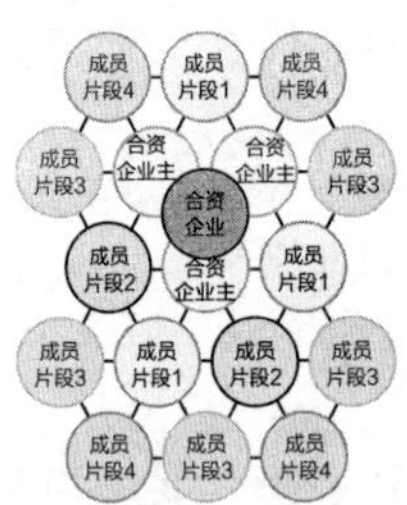

合资企业网络

两方或多方创建一个合资
企业以治理初始网络

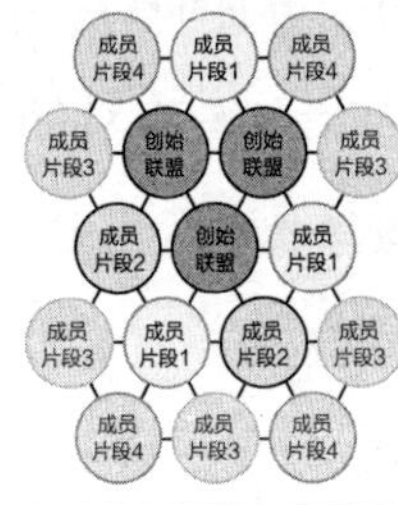

联盟网络

联盟作为初始网络管理
特定行业或领域

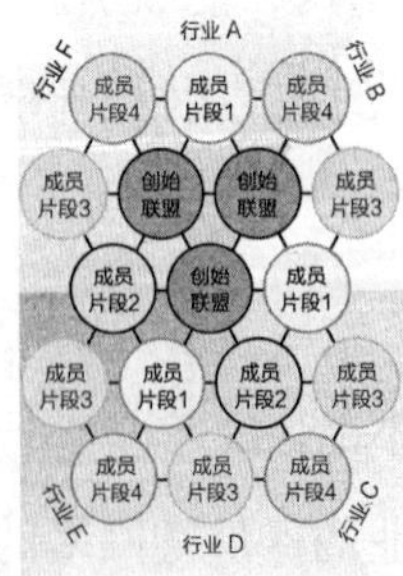

业务生态系统

联盟网络跨越多个行业
或领域运作

图 4.2　区块链网络的四种商业模式

- 合资企业
- 联盟
- 新公司
- 商业生态系统
- 建立—拥有—经营或由创始人领导的网络
- 建立—拥有—经营—转让或建立联盟领导的网络

合资企业

合资企业（JV）是由两方或多方共同组成并共同从事和经营经济活动的实体。在合资企业结构中，两方或两方以上同意创建一个合法的业务实体，可能会用股权出资和其他投资方式为其提供资金，共享企业的利润，平摊运营支出，并共同控制企业的运营。

- **优点：**公司能够获取新的专业知识、市场和无与伦比的优势，并且可与志趣相投的企业共同成长并共担风险。
- **缺点：**公司之间技能、投资等存在差异，可能会导致运营失衡和决策困难。
- **区块链技术的选择和影响：**包括中心化的某些方面的半去中心化网络（交易流程可以去中心化）。

业务管理取决于合资企业，由于可感知的竞争可能会阻碍一些市场参与者加入。

联盟

联盟通常是由两个或多个组织组成的特定行业协会，其目的是参与特定行业的业务或活动以实现共同目标，并利用产业参与者之间的协同效应。在一个联盟中，每个参与者都保留其各自的法律地位。成员可以集体创建一个联盟管理机构来管理联盟的活动、章程和协定，通常还会加入各种合同工具。

• **优点：**灵活的合同条款可以随行业的发展而改变。业务税收优势、法规遵从以及行业要求自治的呼声渐涨。

• **缺点：**责任和不履行的问题。

• **区块链技术的选择和影响：**半去中心化 / 完全去中心化的网络。其中包括中心化的一些方面，并且交易流程可以去中心化。实施自治规则或采用共识治理机制和灵活的技术设计可以使治理去中心化，因为治理结构可以逐步发展。特定于行业的模型可能会演变，并且有关产品、服务、行业规范和法规要求的特点也会有所改变。

新公司

新公司是从企业、联盟或子公司中衍生出来的通用名称，之后才确定了正式名称。新公司可以是新的法律实体，也可以是现有实体组成的合并实体。

- **优点**：公司能够获得新的专业技能、市场、无与伦比的发展优势，并且给母公司带来的风险及影响有限。
- **缺点**：可能缺乏技术、投资和支持结构。
- **区块链技术的选择和影响**：一个半去中心化的网络，或者在某些情况下，一个不考虑区块链核心原则并利用该技术优势的中心化网络。该模型包括中心化的某些方面，并且交易流程可以去中心化。企业的管理权在于新公司，由于可感知的竞争，可能会阻碍一些市场参与者加入。

商业生态系统

通过将现有的商业网络与现有的商业模式相结合，寻求一种新的商业模式。创造一个有利于共创且结合商业模式的环境来为客户引入独特价值主张，最终寻求新的业务机会。比如一个包括供应商、分销商、客户、竞争对手、政府实体和相邻的关联行业的市场，通过合作和竞争来实现独特的价值主张。

- **优点**：可以随着行业的发展而改变的灵活的合同条款。商业税收优势、法规遵从以及行业自治的呼声渐涨。
- **缺点**：责任、问责、好感度和违约的问题。

• **区块链技术的选择和影响：**可以设计为完全去中心化的网络。可以实施自治规则或采用共识机制来使商业系统去中心化。灵活的技术设计可使治理结构得以发展。运营、服务水平协议和整体平台管理必须集中进行。

建立—拥有—经营或由创始人领导的网络

建立—拥有—经营模型通常被公私伙伴关系采用。在这种关系中，私人实体建立、拥有和运营一个组织体系或设施，公共实体可以通过税收优惠、特许和管理以及其他形式的支持来提供帮助。这些模式在许可领域中可能会有所不同，其中创始人或行业领导者可以构建、拥有和运营网络，并促使该行业朝有利的方向发展。

• **优点：**创始实体可从确定的行业领导地位和网络的剩余价值（包括收入流和相邻的业务模型）中受益。

• **缺点：**可能需要在高级人才、资本以及企业支持资源方面进行大量投资，以获取高级管理人员和内部业务生态系统的支持。

• **区块链技术的选择和影响：**半去中心化网络，或者在某些情况下，中心化网络。该网络忽视区块链的核心原则且利用技术的零碎优势。该模型包括中心化的某些方面，并且交易流程可以去中心化。业务治理取决于创始人管理的网络运营，由于可感知的竞争，可能会阻碍一些市场参与者加入。

建立—拥有—经营—转让或建立联盟领导的网络

建立—拥有—经营—转让是一种业务结构，而不是一种融资形式。在此模式中，实体通常会获得特许权或资金（私人或公共）来设计、建造、拥有和运营该项目，该项目既可以是设施，也可以是业务网络，其目的会在一系列业务和特许权合同中扼要说明。然后，该设施或网络移交到一家不同的实体，并且创建中的实体可以通过投标流程来充分利用运营设施或商业网络的商业价值。

• **优点：**转让潜在的商业价值使投资途径得以开发。随着行业发展商业模式灵活多变。

• **缺点：**区块链网络和相邻服务本身就是商业模式。由于成熟度不高以及技术和业务设计的采用问题，这种方法可能会带来高风险。

• **区块链技术的选择和影响：**一个半去中心化的网络，或者在某些情况下，一个不考虑区块链核心原则并利用该技术优势的中心化网络。该模式包括中心化的一些方面，并且交易流程可以去中心化。企业的管理取决于创始人管理的网络运营，由于可感知的竞争，可能会阻碍一些市场参与者加入。

表4.1描述了区块链网络的各种类型的业务模型价值矩阵。

表 4.1　区块链网络的各种类型的业务模型价值矩阵

业务模型	优势	劣势	区块链技术选择与影响
合资企业	公司获得新专门技术和新市场的能力；与志趣相投的企业共同成长，共同分享风险模型的零散优势。	公司间技能、投资和其他可能不均衡，导致运转失衡和决策困难。	半去中心化网络包括中心化的一些方面，能去中心化交易处理。该业务治理取决于合资企业，由于可预见性竞争对于一些市场伙伴会构成阻碍。
联盟	因行业演变可更换的灵活的合约条款。业务税收优势、法规遵守和行业自治呼声的出现。	责任和违约问题。	半去中心化 / 完全去中心化的网络。该模型包括中心化的某些方面，交易处理可以去中心化。可以推行自治规则或采用治理共识机制和灵活的技术设计，来实现治理的去中心化，体现治理结构的发展潜力。关于产品、服务、行业规范和法规要求的行业特定的模型和特点会有所改变。
新公司	公司能获得新专门技术和市场；成长的零散优势，为母公司承担有限的风险及影响。	可能缺乏技能、投资，以及支持结构。	半去中心化网络，或者在某些情况下是一个中心化网络，无视区块链的核心原则并使用零碎的技术的优势。 该模型包括中心化的某些方面，交易处理可以去中心化。 企业的治理有赖于新公司，由于可预见性竞争对于一些市场伙伴会构成阻碍。

续表

业务模型	优势	劣势	区块链技术选择与影响
商业生态系统	随行业演变可更换的灵活的合约条款。业务税收优势、遵守法规和行业自治呼声的出现。	责任、问责、好感度以及违约问题。	完全去中心化的网络。可以推行自治规则或采用管理共识机制来实现管理的去中心化。灵活的技术设计使管理结构得以发展。运营、服务水平协议和总体平台管理必须有一个中心化的任务。
建立—拥有—经营或由创始人领导的网络	创始实体获得既定行业领导力的利益与网络的剩余值，包括收入流和相邻业务模型。	可能需要对顶尖人才大量投资，资本与企业支持资源，以便获得高管人士和内部业务生态系统支持。	半去中心化的网络，或者在某些情况下是中心化网络，无视区块链核心原则并利用零碎的技术优势。该模型包括一些中心化方面，其交易可以去中心化。业务治理有赖于由创始人管理的网络运营，由于可预见性竞争，该模型对于一些市场伙伴会构成阻碍。
建立—拥有—经营—转让或建立联盟领导的网络	因潜在的投资转让业务价值投资途径而发展。随行业发展而灵活。	区块链网络和邻近服务是业务模型本身。由于成熟度不高以及采用技术和业务设计可导致高风险。	半去中心化的网络，或者在某些情况下是中心化网络，无视区块链核心原则并利用零碎的技术优势。该模型包括一些中心化方面，以及交易可以去中心化。业务治理有赖于由创始人管理的网络运营，由于可预见性竞争对于一些市场伙伴会构成阻碍。

本章小结

在定义区块链企业采用的途径时，主要考虑的是保持对单一用例的关注，并将现有业务分解成区块链范式，这意味着业务和技术模型的发展。具体来说，我们必须确定一个具有行业和企业影响的单一用例，并将业务和技术敏锐性应用于该问题领域。其结果应该是一个经过深思熟虑的业务架构和商业蓝图，以及对合规性、审计和企业集成的要求。这种运用的目的是将您的时间和精力与正确的业务领域专业技能和区块链技术专业技能相结合，以得到一个采用模式，它能发掘并解决一些障碍、难题以及问题因素，这些因素会影响提出的区块链解决方案成本和经济可行性。由此产生的人工制品和区块链工作室项目（the blockchain garage）参与的抵押品在社会化中起重要作用，同时为寻求行政部门赞助和首个区块链项目必要资金的企业提供详细的方案。

但是，这种运用还是很欠缺的：许可网络可能还不得不开始探索正确的激励和经济模型之旅，以说服企业加入一个基于创建、分配和共享奖酬来使所有利益相关者受益的这一概念的平台。

尽管并非所有常规业务和行业都可以盲目采用代币经济的

经济激励措施，但当务之急是，行业应当开始探索正确的商业模式，实现价值创造，升级现代化建设，这些都是当今许多行业为应对颠覆效应所急需的。区块链网络的治理包括基于合规成本和多方网络中的信托委派响应（delegation of fiduciary response）各种激励经济模型。开发一个商业模式，确保区块链解决方案与技术敏锐度和设计考虑因素一样重要，需要对区块链商业模式进行仔细分析。

第五章

搞定区块链网络的管理结构

一个能在绩效和文化上取得卓越成就的成功企业，其最为关键的因素是结构完善的治理。

——贾伊·辛格·艾冉

治理与参与规则有关，有助于在任何系统中谋得更大的利益和公平。治理还涉及任何系统中的规则和决策。当然，有规则，就有例外，这并不奇怪。因此，治理是关于协调决策的，它的表现方式不同。例如，共识引入信任系统中用经济激励措施来加强治理（平等参与），在某些情况下，声誉系统与共识的结合可确保参与的完整性。

无论是自治结构还是半自治结构，区块链业务网络的治理都定义了一套完整的参与者认同的规则，可以确保信任、透明、控制和协调。区块链网络正是凭借这些特征，得以无缝设计、开发、测试、部署和运行。图 5.1 描述了治理影响的相互作用。

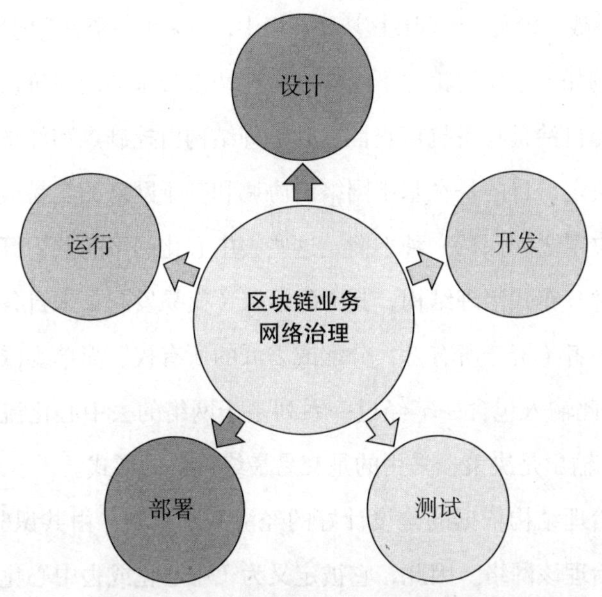

图 5.1　基于区块链的业务网络的管理

在许可网络中，管理成为设计不可或缺的因素，且必须包括网络设计的组成部分。而且，它必须灵活和自然，方能随着生态系统变化而变化，成员数量改变也能够响应业务模型中的变化。技术架构必须支持治理结构的动态性质，并为网络参与者的集体决策过程提供颠覆效应影响最小的路径。由于治理渗透到了区块链的各个方面，因此它是可持续网络整体不可或缺的组成部分。

治理主题给流程和政治领导人带来了一系列难题。我们可以很容易看到这些难题以及区块链网络中治理结构的具体分析。这类治理模型的范围从自治网络到联盟定义的半自治治理结构。寻找正确的治理模型来支持基于区块链的业务网络的议程既是机遇，也是挑战。确实，治理在区块链环境中，带来了一个有趣的悖论。

例如，不妨讨论一下这样一个区块链带来的网络价值。该网络能自治且具备抗审查性，其治理结构由控制点和经济激励机制决定，目的是在基于网络的协调和基于网络的交易最终确认的决定之间保持一种平衡。这些去中心化网络的共识算法呈现一种分布式治理结构，其中的输入（交易发起）来自各个利益相关者（资产所有者，分配或委派的所有权、简单委派的权限）。此输入包含一笔经过一系列基于网络的去中心化流程的交易；输出是决策，采用的是交易最终确认的形式。

治理结构依据的是设计好的经济激励机制，由共识驱动，同时治理该网络。因此，它被定义为（中心化或去中心化）机构，其唯一责任是通过建立一套法律或规则在系统中做出具有约束力的决定。

区块链的起源依赖于基于技术的，由激励机制和协调机制组成的系统性治理，由比特币、莱特币等运行的非许可且基于加密资产网络就是例证。然而，这种类型的系统治理给试图使用区块链技术原则的企业业务网络带来了一系列新的挑战。企业界在很大程度上受到管控并依赖于（主要是）许可区块链模型。其中，由于竞争实体之间的交易，制衡机制变得复杂。而且，这种机制通常具有受监管的数据和受托责任，因而就无法解释有形或系统产生的激励措施（加密资产），而且由于隐私和机密性问题，并不能具有全网范围的协调机制。

对于存在分歧的企业来说，重点应该放在了解技术上，而且要重新构想生态系统、业务网络、法规遵从，机密性和隐私以及影响行业网络的商业模式。在这种环境下，治理结构是一个有趣的挑战和新兴的学科。实际上，在企业区块链领域中，可选范围包括完全去中心化和准去中心化到完全中心化的区块链网络，但具体选择始终取决于治理结构。治理结构和格局决定了企业区块链网络的交互模型、增长方式（中心化或去中心化）、技术设计以及整体业务运营。图 5.2 描述了非许可网络和许可的企业网络之间的差异。

非许可网络		许可企业网络
基于去中心化、开放或自治、透明度的原则设计和实施经济体系	vs.	技术推动重构生态系统、业务网络、法规遵从、机密性和隐私以及商业模式
创造由真实价值支撑的加密资产		利用区块链实施现有业务流程
研发创新性技术方案		利用快速结果创建概念验证
去中心化和核心非居间化		现有的中介机构以及政府的经济激励措施
基于经济的激励措施		联盟定义的奖励和惩罚
网络自主管理和协调		联盟定义的半自治治理结构

图 5.2　非许可和许可企业网络之间的差异

作为数字交易平台，区块链驱动的业务网络具有促进新价值和新协同效应共同创造的潜力。该管理平台由确定的服务水平协议进行运作，具有强大的治理结构，可以吸引新的参与者并维持其创始人和现有参与者的信心和业务利益。该平台紧密依赖商业模式和治理结构，监督区块链网络运营的各个方面。区块链网络治理结构考虑周密，为业务连续性、融资和采购模型以及整体增长提供了重要途径，这些都是由业务网络的经济和财务结构以及区块链技术原则强力驱动的。

管理结构与态势

仅依靠激励机制和网络协调的系统性治理不足以解决更为高度结构化和监管更为严格的行业及其用例。因此，我们已经自主定义了一个治理结构和格局，其使用的是已知的和公认的惯例。生成的模型是模块化的、易于逐渐改进，同时还可以区分不同参与者的能力。

其目的是定义一个简化的治理框架，它从区块链设计的核心原则中汲取灵感，然后并入治理模型，该模型包含博弈论、激励、惩罚、灵活性、授权和网络协调机制。此框架使用区块链技术来信任网络，消除矿工与用户之间的差别。同时，它实施了参与规则，即鼓励技术升级和安全更新，同时惩罚不合规的系统和节点，比如类似的业务网络参与规则。激励机制意在确保成员持续参与区块链驱动的业务网络并由此获得业务收益和增长。这种业务治理模型决定着业务网络的参与情况，并依据参与活动情况决定网络成员之间公平分摊的合理成本结构。

区块链商业网络的三大基本要素是技术基础架构管理、网络成员管理和业务网络管理，如图 5.3 所示。

一条确保有效网络操作的准则，包括成员的入职和离职、许可、支持服务、风险和根据参与者的活动情况在各成员之间公平分摊的成本结构。

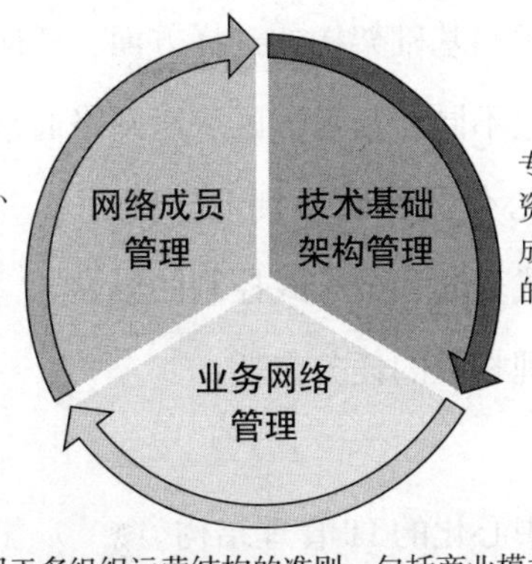

专注于IT基础架构、资源、性能、安全、成本结构和相关风险的准则。

一条用于多组织运营结构的准则，包括商业模式、共享服务、成本、激励措施、合规性和法规。

图 5.3　基于区块链的业务网络的管理秩序

技术基础架构管理

技术基础架构管理是一个专注于 IT 基础架构、性能、成本结构、技术和业务风险的学科。它包括一组协作工具、流程和方法，旨在确保业务战略与技术基础架构和服务的组织一致性。

技术基础架构管理的目标是支持、适应和完善区块链业务网络的目标。与中心化实体相反，在区块链网络中，这些任务可能具有挑战性，因为治理框架应专注于详细规定问责框架以鼓励必要的行为。在这种情况下，运行 IT 基础架构可以部署和操作这种基础架构被定义为区块链网络的基础层。许多最佳实践框架，例如信息技术基础架构库（ITIL）和治理、风险管理及法规遵从，已经为区块链网络拟扩建和创建特定于区块链的技术管理结构奠定了坚实的基础。

在涉及技术和基础架构的选择方面，任何技术设计都应具有灵活性以适应不同参与者。区块链网络通常将目标放在去中心化或准去中心化的特定级别上。反过来，IT 治理应该考虑一个支持分布式变通和分布式控制的模型。

与技术管理相关的任务包括：

1. 设计去中心化的 IT 管理结构。

2. 设计一种用于分布式（和去中心化）维护的模型，包括软件和硬件更新、升级以及路径管理。

3. 设计一个框架，使用由联盟、合资企业或其他商业模式驱动的行业标准，例如信息及相关技术控制目标（COBIT）、信息技术基础架构库（ITIL）、国际标准化组织（ISO）、能力成熟度模型集成（CMMI）和美国包月用车公司（FAIR）。

4. 开发针对特定行业的治理、风险及法规遵从工具。

5. 优化联盟资源，可选择技术采购、供应商—卖主关系、服务水平协议管理、技能和人才管理。

6. 执行技术采用和风险评估，需要跟进技术发展和经济部署模型，包括部署和运营风险。

7. 制定网络部署策略。此任务不像应用程序升级那么简单，要有一个可以激励和实施技术及安全持续性更新与升级的模型。

8. 开办网络支持服务，即业务网络。治理模型应包括网络支持服务、IT 服务水平协议实施和成员服务。

9. 进行联盟风险优化，包括运营支持服务（OSS）和业务支持服务（BSS）、IT 基础架构连续性服务和规划以及技术与法律和法规要求的一致性等。

IT 治理模型应鼓励技术升级和强化安全措施，并对不合规的系统和节点进行惩罚，以建立激励机制，确保持续参与。图 5.4 提供了在技术基础管理中应考虑的关键要素的快速清单。

- ☐ 技术基础管理清单
  - ☐ 分布式IT管理结构
  - ☐ 分布式维护模型
  - ☐ 利用行业标准的框架
  - ☐ 资源优化
  - ☐ 技术评估和采用
  - ☐ 网络部署
  - ☐ 网络支持服务
  - ☐ 风险优化

图 5.4 技术基础管理元素

网络成员管理

区块链网络中的网络管理模型表明，网络是有机的，是由具有不同业务利益的生态系统参与者组成的。本质上，它是一个具有共同业务目标的交互式生态系统，而不是具有中心化的业务实体的官僚结构。

该模型对网络成员提出了极大的挑战，他们要保持平稳的业务运营和运营框架内参与规则执行之间的平衡。在许多联盟主导的业务结构中，网络管理可能会涉及一组自主实体，这些实体参与创造价值、服务和数字商品，并且可能使用智能合约和区块链作为市场机制来协调和保护价值交换。因此，商业模式在提高运营模型的效率和减少代理问题等方面起着至关重要的作用，这缘于明确的奖惩参与规则。

这些业务管理模型支配控制业务网络的参与模式，并创建一个公平的成本结构，该成本结构根据参与者的活动情况在各成员之间公平分摊。这种结构使自主且志趣相投的业务实体能够参与业务交易、合同签订和价值创造。为了确保区块链的平稳运行，治理结构应增加参与规则和社会契约，以促进公平行为和声誉体系来强化其实施力度。

区块链网络成员与治理相关的活动包括：

1. 成员入网和退网：许可结构和密钥管理可以包括具有以下素质的模型：

a. 投票驱动但集中管理；

b. 具有联盟结构，其中成员可邀请其他业务实体加入网络；

c. 具有委托结构，包括可以委托给其他成员的服务提供商。

2. 公平合理的成本结构。

3. 业务实体加入和退出网络的联盟范围数据所有权结构。

4. 特定于行业的法规监督规定的合规保证服务，其中包括一个起代理角色的模型，以生成法规合规性、遵从性和报告。

5. 网络的争议解决规章。

6. 技术基础管理的协调与方向。

7. 区块链业务网络管理的业务网络和服务水平协议管理。

8. 网络支持服务：业务网络。治理模型应包括网络支持服务、业务网络服务水平协议实施和成员服务。

9. 特定于网络的风险优化：一种业务支持服务结构，包括业务连续性服务和计划、网络与法律和法规要求的一致性以及其他项目。

图 5.5 提供了在网络成员管理中应考虑的关键元素的快速清单。

☐ 网络成员管理清单

- ☐ 成员入职/离职
- ☐ 公平合理的成本结构
- ☐ 数据所有权结构
- ☐ 管理监督的预备
- ☐ 权限结构
- ☐ 服务水平协议（SLA）管理
- ☐ 网络支持服务
- ☐ 风险优化
- ☐ 网络运营

图 5.5　网络成员管理元素

业务网络管理

区块链驱动的业务网络需要一个针对特定行业和用例的管理模型。此外，这些网络还必须考虑该行业本身的各个方面及其发展，包括整体管理结构的变化。区块链是多组织治理的重要形式，其核心目标是提高运营效率并减少代理机构（中心化业务实体）造成的障碍。分布式数据，与资产和价值相关的决策，以及信任系统和共识解决的去中心化问题有助于提高效率。

共享治理通常用于描述一种业务活动，该活动一齐将一种行业展现给各种外部生态系统，例如附属业务网络以及政府和监管的实体。这种集体表象有其优势，如分摊业务流程成本，以及通过套利、经纪业务、吸引新的生态系统参与者所获得的市场利益。

业务网络管理的一个主要目标是，在遵从服务水平协议和核心业务目标的同时控制网络的增长。管理结构包括对网络功能的更广泛理解，以及不同参与者引发的这些集体作用带来的网络产物。随着区块链网络的发展和壮大以及新参与者的加入或退出，网络的动态发生变化，双边和多边关系都可能出现。

共创是一个概念，它将不同的参与方（例如，一家公司和一群客户）聚集在一起，联合产生共享的价值产物。共创从直接客户或观众（非产品的直接用户）收集了各种独特的想法，接着带来了大量代表联盟组织的新主张。理想情况下，业务网络管理的当务之急是寻求平衡增长并促成生态系统之间的协同作用，从而采用新的商业模式来转变业务网络。

与业务网络管理相关的原则包括以下各项：

- **通信和通知：**与网络有关的章程和通信。
- **交易成本综合和规模经济：**通用和共享服务管理，例如了解您的客户、审计、报告、业务运营，IT 基础架构和扁平化的业务流程。
- **业务服务水平协议：**质量保证，性能和网络安全性。
- **有利的交换条件：**数字资产的完整性，资产专用性，供需不确定性以及产品和业务网络的发展。
- **集体表象：**执行行业特定的合规法律和法规框架。
- **结构嵌入性：**遵守行业特定要求，以可靠地转移网络中的资产和价值。
- **联合治理框架：**框架、章程、技术和网络成员管理框架的管理者。
- **业务结构：**为网络业务运营制定适当的商业模式，法律章程和参与规则。

图 5.6 提供了在业务网络管理中应考虑的关键元素的快速清单。

☐ 业务网络管理一览表

- ☐ 网络章程和管理
- ☐ 共同/共享服务管理
- ☐ 业务服务水平协议：质量保证、性能和网络安全管理
- ☐ 业务交流条件管理
- ☐ 特定于行业的要求、法律和规章的合规遵守
- ☐ 业务运营结构

图 5.6　业务网络管理元素

管理结构的发展在企业区块链领域中是具有挑战性的新兴学科，其中关于选择范围的辩论（从完全去中心化和准去中心化到完全中心化的区块链网络）都离不开所选的管理结构。治理结构和格局决定企业区块链网络的交互模型、增长（中心化或去中心化）、技术设计和整体业务运营。该平台能促进共同创造和新协同作用，必须得到有效管理，并且在确定的服务水平协议的支持下运行，此平台还具有强大的管理结构，可以吸引新的参与者并保持其创始人和现有参与者的信心和业务利益。

商业模式和管理结构之间关系密不可分，它们支配着区块链网络运营的各个方面。精心设计的管理模型可以确保不同实体之间的平衡和顺利交互，包括与一些网络参与者竞争的实体和一些其他网络参与者共创的实体。

尽管区块链网络本质上是去中心化的，但是管理结构从根本上是商业模式的类型（包括业务参与者、成果和激励机制）

所驱动的，该模型也是您为区块链网络考虑的商业模式。

如第四章所述，这些潜在模式包括合资企业、联盟、新公司、商业生态系统、由创始人领导的网络（建立—拥有—经营）或由建立联盟领导的网络（建立—拥有—经营—转移）。

此外，管理模式可以是自治的或半自治的，可在链下或链上进行管理。链下意味着管理规则和政策要在区块链之外进行管理，换句话说，在对其进行审核和批准之后，才可以在区块链上实施。链上意味着管理政策和规则要在区块链内使用智能合约和共识算法。

在下一节中，我们将考察一个有关区块链中管理结构的范例。该结构基于我们称为 SCTrustNet 的全球数字供应链网络。

SCTrustNet

SCTrustNet 网络是一种由联盟主导的企业供应链网络的商业模式，其设计融入了端对端的可见性、信任、透明度和转型因素。该模型由各种参与者组成，如供应商、买方、银行、运输公司、货运代理和监管机构（海关和港口当局）。如图 5.7 所示，转型业务成果预计将减少整个供应链交易和网络的成本、复杂性和延迟时间。

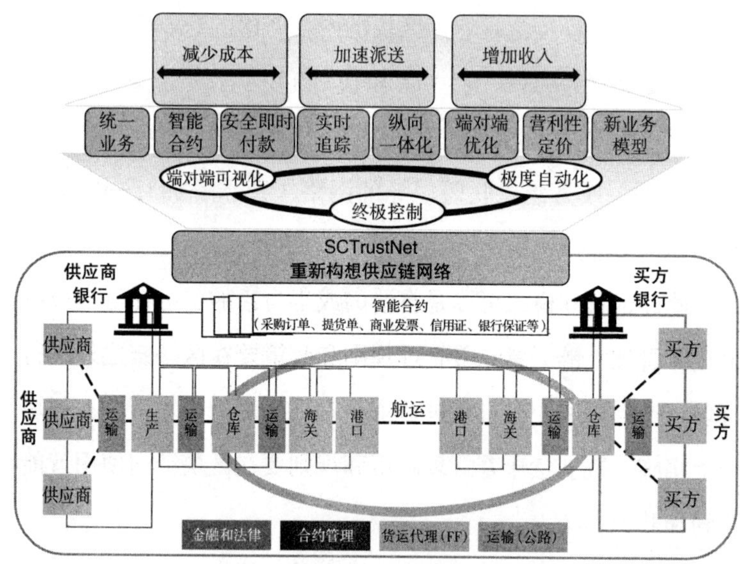

图 5.7　SCTrustNet 管理结构

SCTrustNet 管理结构包括三个主要领域：商业网络管理、网络成员管理和网络基础设施管理。让我们深入探讨每个领域的细节。

商业网络管理

供应链特定于业务的法律和财务政策和规则由商业网络管理结构来指导和管理。它们包括以下各项：

• 统一的章程包括 SCTrustNet 中整个网络的业务产物，参与者的贡献（成本、资源和生态系统）及其激励措施（可见性、控制、效率和金钱回报）。

- 商定的商业模式是一个由联盟领导的生态系统，由一组创始成员（三个供应商、三个买家、两家银行和一家航运公司）和非创始成员（货运代理以及海关和港口当局）组成。
- 创始成员可以安排和签署要验证和承诺的交易。非创始成员只能签署交易。
- 买方、供应商、银行和承运人之间的业务合同（采购订单、提货单、信用证、银行担保、商业发票等）使用智能合约进行管理。
- 资产的报表、审计、跟踪、追溯等共享服务的服务水平协议都编码上链，包括对服务质量的罚款。
- 跨境交易者和支付的法规和合规性政策由买方和供应方商定，并加入交易和执行敏捷性的智能合约中。
- 旨在确保参与者及其数据的私密性、完整性和效能的业务运营和安全原则是数字供应链网络的一部分。
- 风险识别和缓解策略包含在 SCTrustNet 中。

网络成员管理

网络成员管理推动总体成员数量管理以及网络参与者、网络服务和相关活动的管理。它包括以下各项：

- 每一类参与者现有的规则、邀请实体加入网络的权限、新供应商入网与退网管理、买家、货运代理、银行、承运人以及海关和港口当局。

• 区块链中数据和交易的访问和操作权（购买订单、发票、提货单和信用证）。

• 每种类型参与者及其角色的成员资格和网络参与费用结构。

• 去中心化和共享网络服务的管理，包括追踪和溯源，采购订单处理和运输。

• 未提供服务和质量以及忽视 SCTrustNet 规章的处罚。

• 沟通政策，即信任与透明度的供应链中，在合适的时间与合适的参与者共享合适的信息。

网络基础设施管理

SCTrustNet 的基础设施管理包括以下规则和规章：

• 区块链技术（即 Corda，以太坊和超级分类账本结构 Fabric）的评估，选择和部署（公共和私有云）。

• 建立区块链节点（一个拥有分布式账本并连接到网络的系统）。

• 网络服务的项目管理、测试和链码部署（去中心化应用程序）。

• 节点和共享服务链码的安全和访问。

• 基础设施服务、质量保证以及风险管理的奖励和处罚的自主执行。

• SCTrustNet 基础设施运行（服务器、存储和网络）。

• 技术变更、升级和发布管理。

• 高度可用性、灾难恢复和业务连续性管理。

• 容量、可扩展性和性能管理政策。

• 发生率管理、记录和监督。

本章小结

基于区块链的应用网络不仅仅是一个技术项目的实施。根据我们对用例部署的观察，如果使用正确的技能精心设计，区块链在技术方面取得成功可以说是确定无疑的事。为了取得这种成功，我们需要进行一系列业务驱动的活动，确保针对性、企业资源、敏锐度和组织能量与管理层承诺的渠道畅通无阻。

有必要选择正确的用例来了解合适的商业模式、定义恰当的管理结构。这种选择重点通过关注企业承诺和整个行业的影响来吸引其他生态系统参与者，他们随后承担实现区块链网络的共同愿景和目标。这种用例和由此产生的业务经济学可以启动投资议程，使企业或联盟能够专注于商业模式，并由此产生公平和可持续部署，以及一种能满足特定行业要求的管理结构。

区块链项目含有创意的战略思维并可以解决复杂的技术问题，这意味着正确的用例必须在商业模式和技术蓝图之间具有紧密的联系。这种管理模式将商业模式与适度的协调性相结合，确保所有参与者都遵循一套共同的目标、公平合理地利用网络资源以及参与规则。

第六章

建立起推动区块链项目的团队

> 在生态系统中，致力于实现共同业务目标的分布式团队蓬勃发展之时即是他们成功之日。
>
> ——贾伊·辛格·艾冉

简而言之，区块链通过使用去中心化的经济结构使决策民主化，为整个生态系统中的分布式团队带来巨大的创新机遇、灵活性、自主性、动力和创造性。区块链有望催生新的业务模型、生态系统、治理和组织结构来推动行业转型。这些业务元素对彼此优势高度依赖，而区块链网络的成功则完全是它们出色表现的结果。因此，选择正确的用例、定义正确的商业模式和管理以及建立正确的团队是区块链网络成功的基础。

企业领导者，作为去中心化组织结构创建过程的一部分，必须明确最小可行生态系统和最小可行产品的概念。接下来，他们必须确定多个企业分布式团队的关键角色和职责，为实现共同业务目标努力。这种方法被称为内部企业协同。

去中心化经济中的企业结构

在当前的经济结构中，许多现代组织都在努力实现垄断性的利润增长。这些做法可能会引起竞争，从而孕生中介，令消费者所购产品和服务的成本提升，而质量却降低。相反，去中心化经济运用的是点对点交换和共享收益的新范例，给这种现状带来了挑战。这种新的转变也许不适用于所有在业务用例和行业流程中采用区块链技术的企业，因此，您必须从中心化、去中心化和混合经济结构中选择一个合适的组织结构。

中心化结构

在一个中心化结构中，企业的工作在于集中业务网络的权力和权威以及法律政策、程序和运营。通信和决策权自上而下运作。这种方法是一个不错的选择，因为它可以更快速地做出决策、执行业务交易验证以及提交分类账，但它可能无法提高网络中的协作、创新和效率。

中心化结构中企业的主要角色按等级制确立，责任被划分开来，这就为共同发展制造了一种僵化的环境，同时还抑制动力。这些企业中的业务执行逻辑紧密结合且受到控制，以确保系统的稳定，致使系统脆弱得连单一的故障点都难以承受。

当今最受欢迎的基于中心化结构的企业是 Google 和 Facebook。

在这些企业的运营中，所有互联网交易均指向中心化系统或平台。

去中心化结构

在一个去中心化的结构中，参与区块链业务网络的企业分摊权限和控制权（图 6.1）。业务功能是松散结合的，因此执行速度可以更快，但是做出统一的决策或达成共识可能是耗时的行动。去中心化结构的主要目的是创造一种有利于共同发展和共享收益的环境。

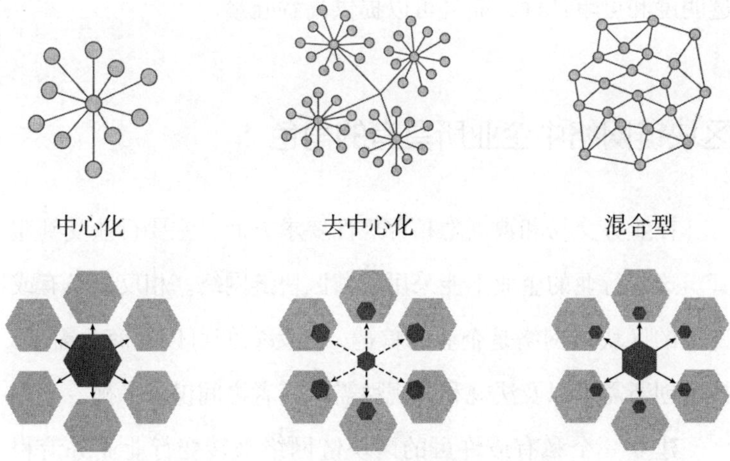

图 6.1 去中心化经济中的企业结构

与中心化系统不同，去中心化系统不需要所有交易都通过单个平台进行。相反，系统中的许多节点可以执行对等操作。比特流（Bit Torrent）是一个去中心化结构的典例，其中点对点文件共享协议用于互联网分发数据和电子文件。

混合型结构

混合型结构对于许多企业来说是最合适的环境，如果它们想要从自治的角度来利用区块链价值，但又需要维护权限并控制平台和网络的某些方面，采用这种混合型结构，就没有中央实体可以审查和验证网络内的业务交易。相反，区块链网络组成的企业不是中心化就是去中心化结构。如今，许多区块链联盟采用混合型结构，其中交易信息的去中心化加快速度，增强透明度和可审计性，而且可以提供高吞吐量。

区块链网络中企业所具有的角色

在业务交易和数据隐私合规性要求方面，主要行业受到监管。这些行业的企业不能采用公共区块链网络。相反，私有或许可的区块链网络是企业的首选，因为它们可以在商业需求、技术创新需求以及法规和合规性需求三者之间谋求平衡。

建立一个私有或许可的区块链网络来转变行业业务流程时，企业可能会根据其业务目标和网络价值成果扮演不同角色（图 6.2）。例如，这些角色可能是网络或联盟的创始人、成员、运营者或一般用户。另外，某些角色可以在网络中组合或进一步划分，取决于该网络发展所处阶段、成熟度、规模、行业、业务流程和用例。

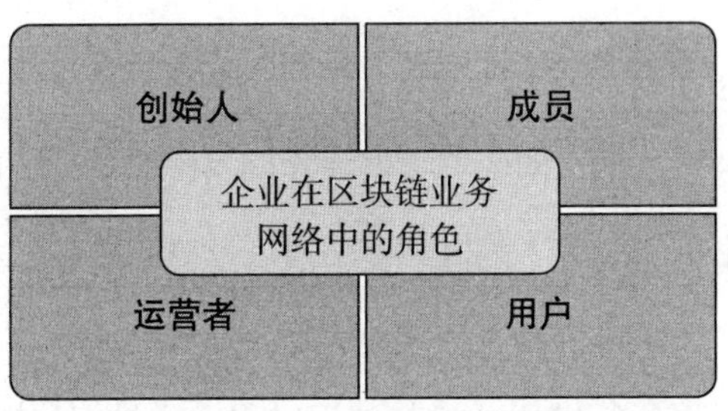

图 6.2　企业在区块链业务网络中的角色

创始人

创始人企业已经识别出一种业务转型或颠覆性用例或过程。他们对于区块链网络、其参与者、业务收益和成本，以及设计、构建、运营、管理和治理区块链网络有着清晰的愿景。创始人有责任邀请合适的参与企业，分享网络愿景和商业价值，以鼓励参与。

务实的做法，最好是一个联盟只有一个或不多的创始人，这样可以确保更好地控制和管理。但是，这种计划有悖网络去中心化的本意，即影响其他参与者的自主地位。

在过去几年中，有数百个区块链联盟已经建立起来了。R3 是一个联盟担任创始人的例子，该联盟包括 200 多家金融机构、监管机构、银行和其他企业。

成员

成员企业与创始人企业都是区块链网络的成员。它们可能以创始成员的身份加入网络，也可能在网络建立后加入网络。成员企业有一个称为对等方的区块链节点，这意味着他们拥有分类账的副本，一旦获得创始人或其他管理企业根据联盟政策和规则的授权，便可以运行链码并参与共识过程。成员们分摊网络设计、构建和部署的成本和共享收益。随着网络的发展以及成员贡献、角色和职责的变化，他们可以转变成为创始人企业。

金融机构如摩根大通（JPMC）、瑞信（Credit Suisse）、苏格兰皇家银行（RBS）和瑞银集团（UBS）皆为 R3 联盟成员。

运营者

区块链网络的运营者可以是创始人或成员企业，也可以是第三方企业，负责网络运营和技术管理，并按交易量收取费用，或按月、按年固定收费。如果运营者不是其成员或创始人，可能无法访问或查看该网络中的业务交易。它可能具有分布式分类账的副本，但仅用于执行操作任务。运营者企业负责维护有关运营的质量、网络性能和可用性的服务水平协议。

用户

区块链用户受到邀请并获得创始人和成员的许可。根据用户的权限级别，他们可以访问或查看部分交易和网络信息，但不拥有数据。例如，监管者和审计师可能成为网络用户，以便于他们查看网络交易并确保符合合规性准则。

用户可能会根据与网络创始人和成员之间达成的协议付费访问或参与网络。

如果普通用户继续做出贡献并为网络带来价值，那么他们就可能依据治理政策和准则成为成员。

建立一支高效的团队

为了给区块链项目和业务网络建立一支有效的团队，您必须确保以下各项得到辨认和确定（图 6.3）：

- **项目企业：**您的组织是一家使用区块链构建新业务解决方案或网络的初创企业，还是一家已经确认为行业流程或区块链业务用例的现有企业的一部分？
- **网络类型：**区块链网络将由创始人企业领导还是联盟成员领导？
- **企业角色：**企业是创始人、成员、运营者还是用户？
- **技术：**网络将使用超级账本或以太坊等企业可用的区块链技术，还是由创始人自行构建？
- **网络基础架构：**您企业的网络将使用主要供应商提供的

云环境，还是构建自己的私有云或户内基础架构？

- **范围：**您是否有最小可行产品和最小可行生态系统的要求和限制？

这些问题的答案可以帮助您确定关键网络活动、角色、职责以及相应的团队成员和技能的要求。

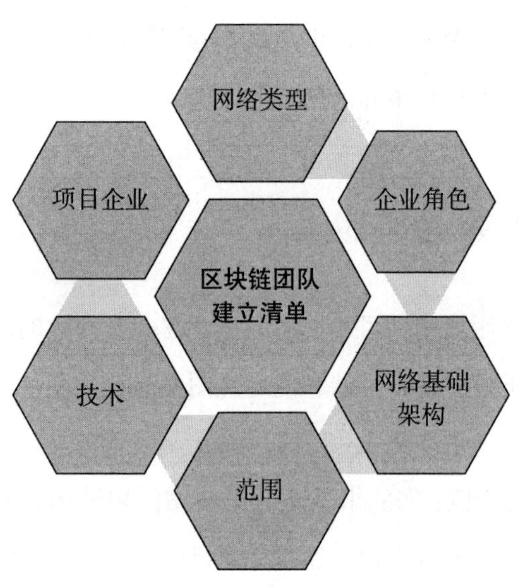

图 6.3 区块链团队建立清单

项目团队角色

一个典型的区块链项目团队需要本小节描述的所有或一些关键角色。其中一些角色可能会根据项目企业、网络类型、参与企业的角色、技术、范围和网络基础架构进行组合。

指导委员会成员

指导委员会成员是来自企业的个人，企业也属于网络的一部分。他们指导管理和治理整个区块链网络、业务和法律政策、规则和法规。

法律顾问

法律顾问在区块链项目和网络中至关重要。法律顾问提供两方面的建议，如何为自动执行智能合约定义法律合作伙伴关系和合同以及如何从合规性监管角度组织首发代币募股。

区块链顾问

区块链顾问使用区块链应用程序和解决方案帮助企业采用区块链技术，建立组织网络。顾问必须了解区块链技术、系统和应用程序的原理。

加密开发人员

加密开发人员定义并开发交易和网络安全所需的安全级别和加密强度。

项目经理

项目经理管理整个区块链项目生命周期，包括时间表，成本和预算。他们控制和监督工作项目和流程活动，并定义其他角色的任务和可交付成果。

产品负责人

产品负责人负责总体愿景，即产品研发、特点、功能和交付的路线图，一切视区块链网络的业务要求而定。他们还负责产品的损益。

用户研究人员

用户研究人员可以发现用户在行业或业务用例转型背景下的问题或痛点。此外，他们还开发与区块链网络相关的用户需求和用户行为。

用户体验设计人员

用户体验（UX）设计人员编写用户故事。他们详细说明简化接口以及区块链系统和网络提供的信息，使用户能够无缝体验。

区块链架构师

区块链架构师定义系统架构，包括如何在区块链网络中部署节点（计算机）以及每个人如何凭借共识机制认同交易是否有效。

系统架构师

系统架构师融合区块链架构师、设计人员、产品所有者和开发人员的信息，定义系统在区块链网络中的运行方式。

区块链开发人员

区块链开发人员将业务网络的逻辑编程为链码和应用程序用户界面。这些开发人员应精通 JavaScript（一种编程语言）或具有 Golang（Go 编程语言）编程技能。

质量或测试工程师

质量或测试工程师使用各种输入参数和条件来发现缺陷，评估每种功能、特征、应用程序和整个区块链系统。开发人员的目标是修复这些缺陷再将产品投入生产环境中。

网络工程师

网络工程师确保对等网络在区块链中大规模运行，他们保证数据和信息有效地传达或交换给指定的接受方。

业务开发经理

业务开发经理的任务是在整个生态系统中建立业务合作伙伴关系，无论这些企业是否参与区块链网络。业务开发经理还制定销售建议并将其提交给潜在客户和合作伙伴组织，以鼓励他们参与网络。

营销经理或领导者

营销经理或领导者研究并制定一个进军市场和思想的领导战略，即为不同的市场区间和地区清晰明了地传递信息。他们还创建营销宣传资料和参考资料，并向品牌领导层做行业分析总结。

企业内协同

当您建立区块链项目团队时，您可能会意识到，并不是所有角色都是业务网络单个企业的一部分。相反，他们所在的企业拥有众多专业技能和知识，并带来差异化附加值。但是，从逻辑和地理位置上看，所有团队和团队成员与同为实现共同的业务目标而进行协作和共同开发的企业有所不同。

内部企业协同的概念是将生态系统中每个企业“精英中的精英”聚集到一起。企业内协同可以为业务带来重要转变。它授权区块链网络参与者以去中心化权限和自主权，因此参与者得以自主设计、研发、测试以及作为一个更广泛系统和网络的部分来传播最佳技能。内部企业协同自然而然地激励着许多企业不断提高并实现共同收益。

在一个去中心化环境发展起来的企业内协同最大化提高共

创和共同开发的效率，颠覆了许多传统业务流程和系统，从而消除各种不必要的中介。可以将这种环境想象成一个大型的自治网络，其去中心化的权力分散在多个地理位置和网络运营中心之间。如图 6.4 所示，企业内协同概念在整个去中心化环境中推动联合。

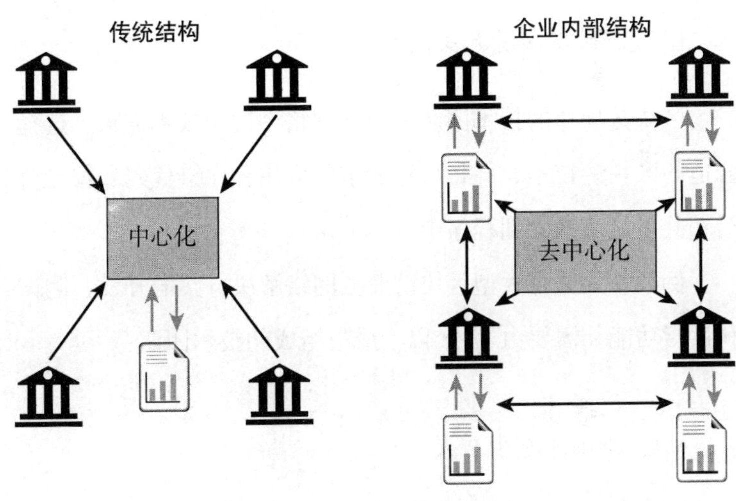

图 6.4　企业内协同

区块链项目团队的实例

如前所述，对区块链项目团队的要求取决于业务模型、生态系统，最重要的是您的企业在业务网络中的角色。这些元素有助于确定哪些角色、责任和技能是为区块链项目建立一个合适团队所需要的部分。

在本节中，我们将使用基于区块链的供应链网络项目团队作为示例。这种网络专注于构建可信赖、透明和安全的数字供应链。除了指导委员会、业务开发、营销管理以及法律和商业顾问，还需要以下小节描述的技术团队来构建解决方案。

区块链技术解决方案团队

区块链项目的技术团队从业务网络中发现技术需求、选择合适的区块链技术，并将特定要求的应用程序链代码、智能合约和共识策略开发到程序中。

例如，要进行大型区块链业务网络解决方案的开发、测试和运营功能，需要由 27 个以上成员组成的技术团队：

- 架构团队：至少 2 人
- 设计团队：至少 5 人
- 安全团队：至少 2 人
- 开发运营：至少 3 人
- 部署：至少 4 人
- 测试：至少 7 人
- 专家：每种技术至少 1 人
- 项目经理或项目管理办公室（PMO）功能：至少 3 人

本章小结

本章描述了组建团队来推动区块链项目的基本要素。在去中心化经济中可以采用各种类型的企业结构——中心化、去中心化和混合型。区块链网络中企业的潜在角色包括创始人、成员、操作者和用户。

要为区块链项目和业务网络建立一支有效的团队，您必须保证项目企业、网络类型、企业角色、技术、网络基础架构和范围得到确认和定义。一个典型的区块链项目团队需要以下所有或一些关键角色：指导委员会成员、法律顾问、区块链顾问、加密开发人员、项目经理、产品负责人、用户研究人员、用户体验设计人员、区块链架构师、系统架构师、区块链开发人员、质量或测试工程师、网络工程师、业务开发经理以及营销经理或领导者。

将生态系统中每个企业“精英中的精英”聚焦到一起就产生企业内协同。企业内协同授权区块链网络参与者以去中心化权限和自主权，因此参与者得以自主设计、研发、测试，以及作为一个更广泛系统和网络的部分来传播最佳技能。它自然而然地激励着许多企业不断提高并实现共同收益。

第七章

理解财务模型、投资准则和模式风险框架

在区块链中，去中心化体现在公司结构、技术管理、风险管理及合规性政策框架以及财务模型的所有构造中，包括投资规则和投资回报建模。

——尼丁·高尔

尽管技术设计和商业模式主导着与区块链项目相关的计划和对话，但认识区块链货币化策略对任何打算实施区块链项目的企业来说都是一项重要而富有成果的活动。货币化策略对于许可和非许可区块链网络而言都是有待解决的一大难题，这缘于技术设计尚未成熟（包括标准化问题）和缺乏旨在使用技术图景的新兴的商业模式。区块链技术引入了新的设计配置、数据认证、安全性以及数据分发和信任机制，所有这些或许将成为互联网次世代的叙事演变。这种叙事引发了与早期的互联网时代的对比。那个时代催生了新企业和新经济。但是，即将到来的时代将关注价值创造和转移，而不仅仅是信息交换。

尽管扁平化的共享业务流程、分布式记录维护和智能合约取代了业务规则，而且这一概念对于一家已创建的企业来说似乎是不切实际的模型，但它能创造巨大的机会。特别是，它使企业能够将交易划分到第 n 个小数点，使微交易成为可能。这种可能借助从点对点到机器对机器交易的可能性，支持生态系统重新考虑货币化。

尽管区块链本身提供技术架构，支持网络中的交换、所有权和信任，但只有在价值元素数字化中的资产代币化后才变得至关重要。代币化是区块链网络中的一个过程，即将资产和权利或对资产的所有权转换为数字表达或代币。区分加密货币和代币化资产对于理解区块链领域新兴的不同价值网络的交易工具、评估模型和可替代性来说非常重要。特别是针对有关公平交换的技术和业务问题，代币化提出互操作性的挑战。

资产代币化可以促成一种业务模型的建立，从而促进部分所有权或拥有大型资产瞬时的能力。区块链业务网络上承诺的资产代币化包括数字化、解决时间和信任的低效率、创建新的业务模型并通过网络参与者的协同作用促进共创。

货币化困境是一种视角。颠覆性要素专注于微交易（针对实例而不是整个资产的所有权），首发代币募股和证券代币募股，可以满足筹款需求。相反，企业侧重于提高效率、节省成本、分摊业务流程成本以及其他因素。这种差异增添了一个有趣的相关话题，事关如何创建一个稳健又共生的生态系统。

生态系统通常采用以下货币化策略：

• **基于代币的模型：**运营费用于写入区块链驱动的业务网络的分布式数据库。

• **作为交换媒介的代币：**代币以逐步流通的形式进行交易、借出或出售。

• **资产对交易：**保证金货币化。

• **协议的商业化：**技术服务货币化，包括云平台和软件，实验室和咨询服务。

必须选择一种单独的货币化策略来驱动区块链项目投资准则和所有相关财务模型，包括财务因素、投资回报率模型、风险模型、风险框架和总体投资准则。反过来，所选择的策略也可以作为定义项目进度、风险和预期结果的指南。

理解区块链项目的财务基本概念

区块链网络带来开发新业务和信任模型的机会，这正是提及区块链时使用“革命性潜力”这个词的原因。这些网络能在诸多层面支持多方协作，如跨组织边界共享的、受信任的数据以及流程自动化，这种优势带来许多方面的利益，从提高效率，到最终再造整个行业生态系统的运作方式。

区块链首创分为两个主要类别：

现有流程改进。候选的优秀用例包括：

• 多方在查看相同数据时，白白浪费时间和资源协调数据的情况。

• 缺乏及时的信息而可能导致欺诈的情况。

• 如果所有参与者都对整个供应链或价值链具有可见性，则可以提高效率，优化收益的流程。

• 新的业务和服务模型。大多数这样的模型尚未问世，但是我们可以看到新兴企业区块链网络开放了新型市场（例如为小型企业提供可负担得起的贸易融资），或重新考虑了个人、公共机构和企业之间的交互方式，同时不会损害数据隐私和业务机密性，并最大限度降低了欺诈风险。

图 7.1 描述随着区块链网络规模的增长，相应的业务影响在行业和经济中有所增加。

应用结构化和系统化方法来评估区块链财务基础的理念似乎成了显而易见的工作。由于技术图景的复杂性，网络运营的去中心化性质以及由此产生的商业模式方面的问题，甚至还有其他方面的问题可能都会出现，如有关使用成熟的技术和工具方面的因素，两者使我们不得不重新思考财务基本原则。

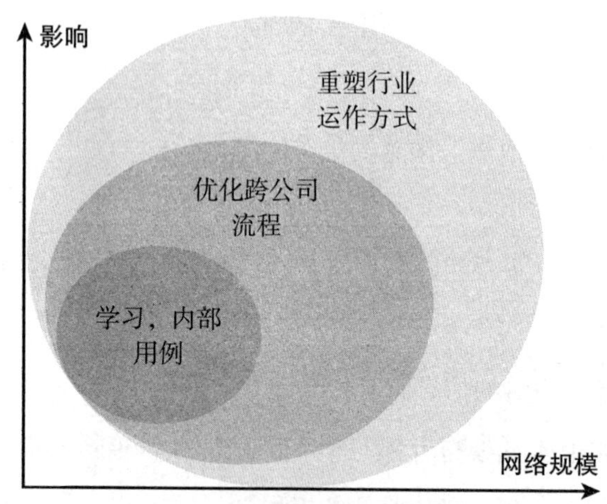

图 7.1　区块链网络规模及其相应影响

解决新生区块链技术和发展中的区块链图景的一个方法是评估关键项目的关键特征并确定交易网络的最薄弱环节。我们可以利用有效的定性定量工具和措施来确定和识别关键风险。接着解释这些风险，确定并划分其影响和严重性的优先次序，最后得出一份条理清晰的项目财务因素分析报告。

建立一个财务模式通常要先有围绕新业务流进行业务设计的过程，或者为降低成本通过更有效地运营来转换现有业务流的过程。确定业务设计之后，设计财务模式的任务包括如下指标：

- **项目的投资回报模型：**输入到投资决策过程中的评估模型。
- **合伙制出资模型：**参与者、创始合伙人和联盟模型的资金来源。

- **业务结构：**一种公平的网络经济模型，可以鼓励投资和参与，同样可使生态系统参与者受益。
- **创始合伙人、联盟和网络操作者的回报率：**该模型提供一种公平的投资回报率结构。
- **融资：**债务、股权和其他模型于初始投资和运营时期可能很有必要，同时会给网络基础架构带来财务风险。
- **治理、风险管理及合规性和模型风险框架：**重点关注因监管、合规性和其他风险因素带来的金融负债和风险。

区块链财务模式与许多项目财务模式不同，原因在于区块链驱动的业务网络包含一个生态系统、若干市场和一个以业务为中心的参与者网络，这些参与者通常属于同一行业，彼此竞争和协作。这种模式给业务网络结构带来复杂性。尤其是单一实体驱动的网络，不能被参与者视为具有竞争性。此外，这种模式还会引发中心化控制，与去中心化控制结构相反，区块链以推崇去中心化控制结构为基本原则。在区块链中，去中心化体现在公司结构、技术治理、风险管理及合规性政策框架，以及所有财务模式的结构中，从投资规则到投资回报率建模。为了达到预期的目的，您必须建立特定的业务结构（联盟、合资企业或其他），然后设计风险、治理和运营框架，再设计财务模式。

这种方法可以处理创始人的政治、关系结构以及投资和风险偏好问题。然而，要取得成功，联盟（一组为实现共同目标而合作和共享资源的实体）必须拥有清晰、公平的财务和运营模式。如图7.2所示，资金来源、合伙关系结构、初始投资成本、风险模型、业务结构、业务网络评估模型、监管合规责任及相关潜在的市场机会都是进入财务模式分析的要素。

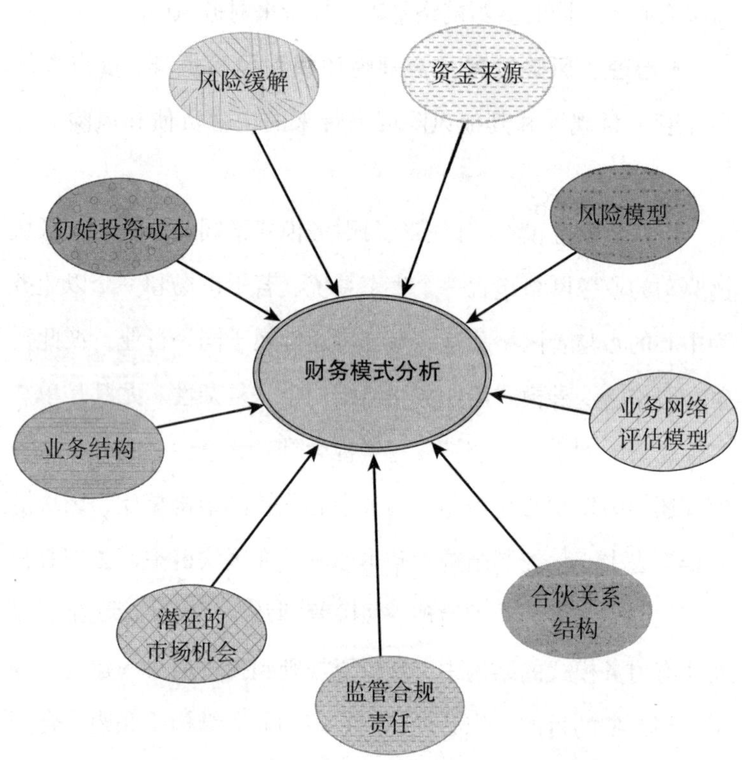

图 7.2　区块链网络财务模式分析的关键要素

因此，建立一个财务模式通常要先有围绕新业务流进行业务设计，或者为降低成本采取有效的运营来转换现有业务流的过程。区块链给这种状况增加了复杂因素，缘于区块链倡导以去中心化控制结构为基本原则。去中心化影响公司结构、技术治理、风险管理及合规性政策框架，以及其他财务模式的结构，包括投资模式和投资回报模式。您必须先建立特定的业务结构（联盟、合资企业或其他），并为风险、治理和运营设计框架，然后才是财务模式。

区块链投资准则

对于企业而言，建立一种投资规则作为降低风险的技术至关重要。投资规则是一种代表投资标准和前景的层次化概括。这种评估标准具有投入、产出和持续分析功能。与新的业务机遇模型相比，投入通常是驱动这一模型的假设，例如技术设计、架构和人才招聘、合规成本以及成本效益。产出是预期性能指标，其衡量标准是规定的投入目标。

投资规则也可以当作一个模型，用于评估具有不同假设的多组绩效指标。

这一投资规则既是区块链项目的指南，也是评估工具。规则的连续资产确定潜在投资的优点，并使该投资的决策和理由具体化。这种规则是一种采用各种业务评估技术的财务模式，例如净现值（NPV）、内部收益率（IRR）、效益成本比（BCR）和治理、风险管理及合规性。治理风险管理和合规性分析提供整体投资和风险预测，不过在概念验证阶段不予考虑。

风险减轻策略细化在投资规则的每个层面，与之前的项目执行、部署共同组成一个合乎情理且明确的计划，为分析结果增加了深度和广度，最终传递给投资人、业务合作伙伴和利益相关人。因而，制定一种综合投资预测模型是重要的一步。您可以利用投资规则这一重要工具进行建模并对反馈循环机制进行分析。该工具用作评分指南来评估预期投资目标和先前确定的结果。

这种方法背后的理念是建立一个渐进式的开发模型，其风险较小，可以不断调整以实现目标。该模型在技术试验早期阶段可从验证点开始，逐步进入更重要的涉及业务模型和建立最小可行生态系统的工作，同时测试风险、投资回报率、财务和治理模型。随着每个阶段的知识积累和不断的成功，应用并调整评估模型和风险模型、建立自主（感知和响应）治理策略可以促进区块链驱动的业务生态系统发展和扩张。总之，投资规则是一种复杂的衡量绩效目标的工具，如图 7.3 所示。

接下来讨论区块链投资准则的要素。

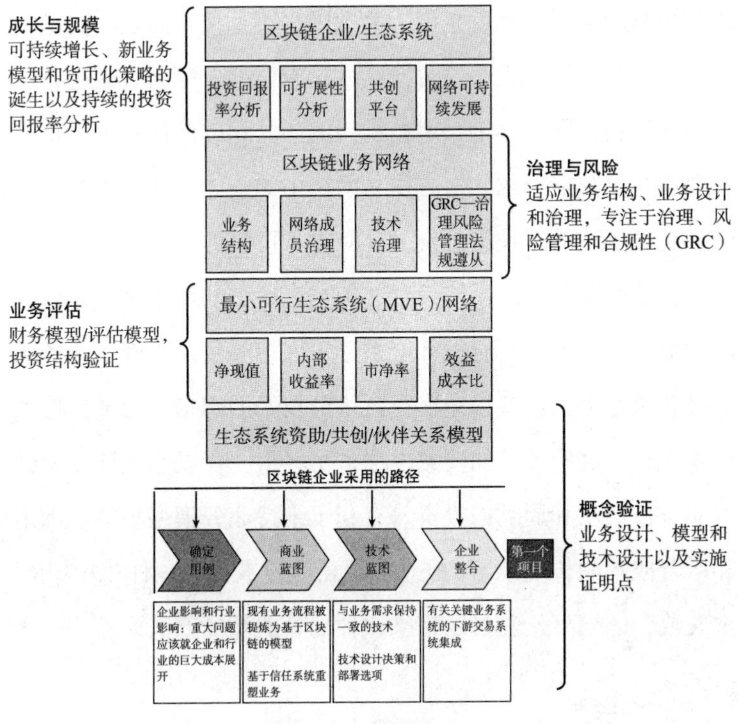

图 7.3　投资准则

概念及设计试点

概念及设计试点是一个测试区块链网络设计可行性以缓解项目风险的工具。采用区块链企业时，我们必须要密切关注单个用例，并将现有业务提炼成区块链范例。

我们争论签署交易与挖矿交易以建立网络信任这两者的优点时会发现，区块链驱动业务网络仅受限于成员企业的追求和他们网络的发展。也就是说，关键因素不是技术问题，而是企业的雄心问题。深入关注可持续性是矛盾的，因为它促进开放式协作创新，同时锁定某些结构，例如共识或信任系统、资产管理系统、智能合约和多方交易网络中的整体交互。这些考虑因素是可持续的区块链系统设计时必不可少的。

成功的业务网络系统设计必须与区块链的原则（多方场景中的贸易、信任、所有权和交易性）保持一致。否则，业务网络可能永远无法可持续地实现区块链技术的愿景。为了支持和持续成长，这些设计的注意事项举足轻重。在概念验证和设计方面进行初步和周到的投资，有利于维持业务模型、资本承诺和运营成本的长期承诺。概念验证还应该被视为一种“快失败、常失败”的模型，它可以带来一种划算的敏捷方法论。

业务评估

区块链的目的就是创造共享价值。在初始设计阶段，创始人必须邀请其确定的最小可行性生态系统成员讨论激励结构、网络运作方式以及每个成员的预期角色和职责。

业务评估是一项重要任务，也是从技术和设计验证点自然过渡的过程。业务评估的挑战在于确定合适的评估方法和工具、确定资金和合伙企业模型、设计公平的参与模型（创始人、正常参与者和增值参与者），以及创建专注运营和网络增长的中立性业务模型。这一评估的注意事项应该成为最小可行性生态系统的重点，该生态系统是一个证明生态系统可持续性的测试平台，也是一种针对促进网络的可持续和连续增长的模型的投入。网络的成长可以由生态系统的多样性和交易量的指数增长来表达，或者由新业务协同效应的创建来表达，后者是由参与者之间互动的共创元素产生的。

理想情况下，要使用最小可行性生态系统推动业务网络中的后续成长，您必须采用业务评估模型。尽管某些业务模型可能是标准化的工具，缘于新平台和交互活动，不妨考虑可能成长和涌现的新业务模型。这些额外的因素与最小可行性生态系统一起被当作验证点。

管理与风险

正如个人理财中的保险那样，管理和风险是重要的投资考虑因素。管理模型应反映高效、准确和有效的风险监控。进行有效的风险建模、制定有效的管理政策是可靠的投入，有利于专门识别和避免可能对投资回报产生负面影响的风险。区块链模型风险框架（BMRF）确定模型及其适当用途，进而从区块链投资中获取价值。

成长与规模

成长意味着以收入增长相同的速度增加资源。规模化意味着要快速增加收入，同时要增加资源。规模带来指数般的营收成长率，而成长率则意味着业务逐步增长或成比例增长。两者之间的区别与两种策略之间的平衡一样重要。可持续成长意味着要增加新的生态系统参与者，这导致区块链网络的改进服务和业务模型中出现新的业务模型和货币化选项，从而扩大了规模。为了实现成长和规模这一目标，我们必须运用业务分析敏锐度和工具，不断分析业务模型并不断创新，以使用业务网络。

很明显，对企业而言，建立一种投资准则作为降低风险的技术至关重要。层次化的概括代表投资标准和更广泛的前景。风险减轻策略细化在投资准则的每个层面，与之前的项目执行、部署共同组成一个合乎情理且明确的计划，为分析结果增加了深度和广度，最终传递给投资人、业务合作伙伴和利益相关者。因而，制定一种综合投资预测模型至关重要。

投资回报模型

区块链投资规则提供一种模型和分析工具来评估投资并衡量成果。投资回报模型可以看作规则的一部分，有助于评估投资利润率。投资回报的数值是相对于投资成本来进行评估的。投入资金的成本计算可能很复杂，而投资回报模型的更低面（例如业务评估、概念验证和设计组件）有助于计算投资成本。

投资回报率对所有投资和资本项目普遍适用，因而是一个广受欢迎的财务指标。尽管不同投资回报模型具有不同的方法和结果，某种形式的投资回报模型对于确定首选机会来说极其重要。投资回报模型分析还公开了可能会阻碍实现盈利目标的风险要素。此外，与显著的成本低效或区块链网络中潜在的新业务相比，它显示出了一个项目的投资意愿。以下是计算投资回报率的示例：

投资回报率 =［（投资收益 − 投资成本）/ 投资成本］/100

投资回报率有助于计算项目的投资利润，而资本预算有助于确定长期项目投资可行性。本质上，资本预算提供的工具可分析项目生命周期的现金流量和总体利润。

鉴于以下因素，为区块链驱动的业务网络设计一个有意义的投资回报模型是一项复杂的业务和财务工作：

1. 区块链网络是一个由许多参与者和生态系统参与者组成的生态系统。它们对生态系统和网络的访问权取决于个人的投资优先级和风险偏好。

2. 区块链网络少不了一个完善的业务模型。它通常不是一个独立的项目，而是由许多要素组成的，例如伙伴关系或联盟结构、合伙制出资模型以及联盟驱动的业务模型。这些要素一起展现财务模型的复杂层面和各个创始成员的结构。

3. 区块链网络是特定于行业的，而且依赖于行业细分，投资回报模型取决于行业驱动的市场基础设施和市场经济体。

4. 生态系统解决行业主导的转型。它们渴望利用去中心化的效率来创造颠覆效应，进而转型。这种转型催生出一个没有确定财务、投资回报、风险模型，或确定业务结构的新业务模型。大多数投资回报分析都基于假设。

5. 区块链网络需要具备专业知识的人才。如果区块链技术空间没有一个专业人才库，缺乏具备基本的理解力和业务模型技术、财务结构和业务设计的专业人才，会给区块链业务网络的项目规划和运营带来巨大的风险，因此投资回报模型成为项目构想之初的挑战。

尽管广泛使用的评估模型提供评估和投资决策的方法论，但是区块链网络是有关生态系统的，它们代表迈向颠覆效应和新兴的业务模型的重要一步。资产代币化的要素以及由此产生的代币和实例经济给评估活动带来有趣的转变。

这些区块链业务模型描绘了一种未来状态，它的基本要素是网络创造，因此其中一些业务模型及其相关的财务模型包含了新的假设和创新的建模技术，需要愿景和领导力的支持。如图 7.4 所示，每次区块链评估模型活动都必须考虑特定行业业务模型的目标。

接下来讨论一些用于区块链项目的评估方法。

净现值（NPV）

净现值（NPV）是一段时间内流入的现值和流出的现值之差。

内部收益率（IRR）

导致净现值为零的折现率。净现值的倒数。内部收益大于资本成本表示项目验收。

效益成本比（BCR）

效益成本比是分析成本效益的指标，用于总结项目或提案的综合现金价值。

投资回收期（PB）

收回原始投资所需的时间。

图 7.4　区块链网络 / 项目的评估模型

净现值（NPV）

净现值是一种比较现投资额与该投资未来现金收入现值的计算方法，换句话说，就是把投资额同按指定回报率折现后的未来现金额进行比较。

净现值是一种流行的工具，关注货币的时间价值（TVM），并确保与其他竞争可用投资资本的项目进行恰当的对比。对于区块链项目而言，这种情况非常重要，因为涉及风险回报率：那些志在转型的项目可能因为其他具有竞争性和更成熟的竞争技术项目而不被看好。但是，颠覆因素和对新业务流的关注可能会使区块链项目成为有吸引力的主张。

内部收益率（IRR）

内部收益率是项目收支平衡的比率。根据奈特的说法，财务分析师通常和净现值一起使用内部收益率，因为这两种方法相似，但使用的变量不同。使用净现值，您可以假设公司的折现率，然后计算投资的现值。使用内部收益率，您可以计算项目现金流提供的实际收益，然后将该收益率与公司的最低预期回报率（要求投资收益多少）进行比较。按照惯例，如果内部收益率高于最低预期回报率，那就值得投资。内部收益率是一种概念性方法，考虑的是成长率问题，但不考虑规模。它依赖决策者的主观解释，结果可能会使投资判断变得复杂和主观。

效益成本比（BCR）

效益成本比是一种财务比率，用于确定项目赚取的金额是否大于执行项目所产生的成本。如果成本超过收益，则该项目无法交付设定条件下的价值。

效益成本比具有两个要素：（1）项目或提案的收益；（2）项目或提案的成本。应尽可能以货币术语表示定性因素，例如项目可能对社会产生的收益，这样可以确保结果准确。

对于企业而言，效益成本比是一种有趣的评估技术，因为它处理的是项目的转型要素以及企业随时应对颠覆效应方面的问题。结合内部收益率与净现值评估项目时，您可以确定新业务模型相关的财务评定和假设，确保平台和生态系统代表长期利益，以对付颠覆影响力。

投资回收期（PB）

投资回收期是收回投资成本所需的时间。是否接受一个职位或项目是一个重要决定因素，因为对于投资头寸而言不需要较长的投资回收期。

与其他资本预算方法（例如净现值、内部收益率和现金流折现）不同，投资回收期不管货币的时间价值。鉴于存在技术和初始风险，区块链项目的投资回收期或许不足以衡量投资回报率。开发最小可行生态系统和将网络扩展到最小可行生态系统之外可能需要一些时间，因此投资回收期这种方法未考虑创新风险和第一市场优势，而这是区块链项目框架的一部分。

总之，投资回报是一种流行的财务指标，因为它普遍适用于各种投资和资本项目。为区块链驱动的业务网络设计一个有意义的投资回报模型是一项复杂的业务和财务工作。尽管这些广泛使用的评估模型能提供一种评估和投资决策的方法，但是区块链网络是关于生态系统的，代表迈向颠覆效应和新兴业务模型的重要一步。在每个区块链评估建模活动中，应考虑特定行业业务模型的目标。

风险建模

风险建模指确定一个模型并量化风险，然后设计一个可以分类和描述风险的模型。预期风险是任何新业务都不可或缺的，区块链项目也不例外。设计一个风险模型和模拟过程来解决战略风险、运营风险、合规风险以及其他类型的特定行业风险，这可能极其重要。核心理念是描绘一幅稳健风险概览图，然后设计一个模型来分类和制定风险缓解策略，从而确保区块链驱动的业务网络能够服务于预期的业务模型，并能够应对行业、运营环境和技术演变引发的风险矩阵。虽然许多区块链业务网络旨在解决特定行业（或行业内特定生态系统）的问题，网络本身却面临行业特定风险、区块链技术风险以及区块链网络想要创建的新生态系统的运营风险。

风险建模竭力了解一些领域（行业、技术、运营和其他）相关的特定风险，并设计一种可以评估对整个系统的影响模型。这些影响可能是财务上、声誉上或系统上的。创建一个风险模型需要进行模拟练习，以测试建议的模型和制定风险缓解计划。

也许您想了解供应链中的威胁，评估进军新兴市场的地缘政治风险，或者了解一名灵活善变的对手（例如黑客或恐怖分子）会如何攻击您。创建风险模型后，它们不仅可以评估系统在正常操作条件下的行为方式，还可以评估假设性的“如果……会怎样”的情况。这种功能有助于组织确定其可以承受风险的水平，评估如何提高系统的弹性，使其能够经受住不同的影响。

图 7.5 展示了区块链网络或项目风险模型存在的四种风险。风险因素层级的存在意味着要评估系统性风险，我们必须设计模型风险框架或区块链模型风险框架。风险模型指了解风险矩阵并构建一个稳健、自然且有效的模型。这种模型的基础是一个有效的框架，能适应不断变化的市场条件、技术前景、业务模型的动态性质以及由此产生的财务结构，还有特定行业细分的模型。

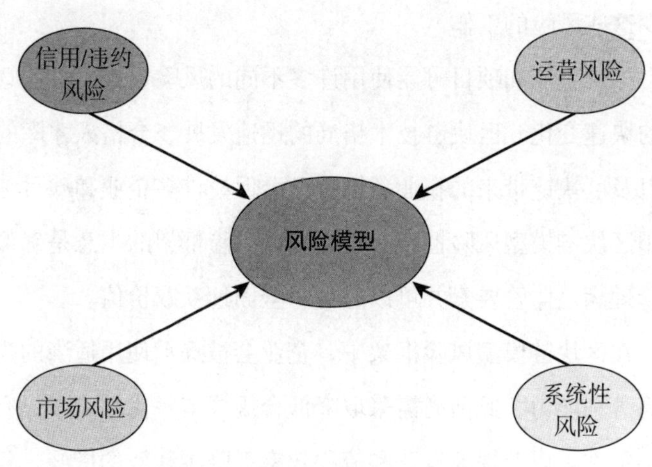

图 7.5　评估区块链网络的风险

区块链模型风险框架

所有区块链业务网络都存在一系列风险，例如运营风险、监管风险和财务风险。这些业务网络必须设计一种业务和运营结构，使其能够保持盈利并在经济上可行，这样才可以达到运营该网络的业务实体的核心目标，并带来投资者和利益相关者要求的投资回报。因此，区块链模型风险框架充当了一个用来设计一种建模、管理和减轻风险机制的工具。

区块链模型风险框架是一门比较新的学科，但也是很重要的学科，可以提供很多风险分析和手段来遏制风险。在最基本的层面上，区块链模型风险框架定义了一种方法，旨在了解各种区块链网络运营组件之间的分层风险，并支持管理、缓解和减少这些风险的工作。

尽管企业和项目可能使用许多不同的风险模型，但监管框架的快速变化、区块链技术格局的迅速发展、合格人才库的稀少以及区块链带来的新业务模型已经促使许多企业和项目考虑使用区块链模型风险框架。设计模型风险框架的本意是确保风险管理满足监管要素并可以有效、全面地获取价值。

在区块链模型风险框架中，企业会被提示使用适当的投入提高盈利能力，此前尚需采取降低合规成本、优化成本、有效利用资本，以及提高运营和流程效率等降本增效的措施。各方因素合力下收获区块链价值是水到渠成的事。获取的价值使网络运营者、依赖网络效率的网络参与者和生态系统都能受益。

管理模型风险的危险性很高。出现问题时，风险模型框架真正的测试开始：

如果出现问题，后果可能会很严重。随着数字化和自动化的发展，更多的模型整合到业务流程中，使机构面临更大的模型风险以及随之而来的运营损失。风险在于缺陷模型和模型误用。

图 7.6 展示了财务、评估和风险模型的综合框架。接下来讨论区块链模型风险框架的元素。

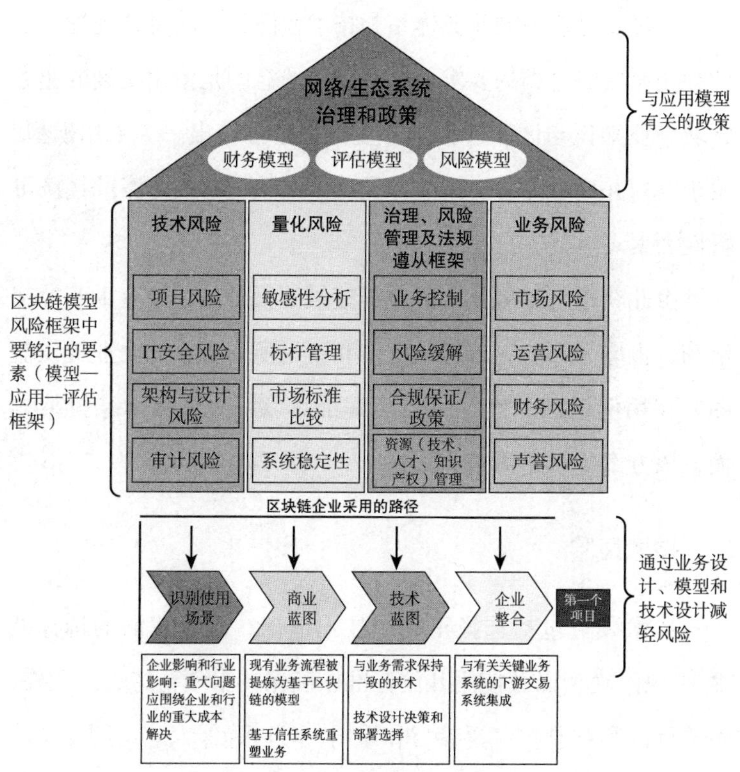

图 7.6　基于区块链的业务网络风险框架

设计业务和技术蓝图

定义区块链企业采用途径的初衷是确保我们要密切关注单一用例，并将现有业务提炼成区块链范例。这意味着存在开发业务和技术两种模型。我们拿出一个具有行业和企业影响的单一用例，并将业务和技术敏锐度应用于该问题领域。结果得到一个经过深思熟虑的业务体系和技术蓝图，能满足合规性、审计和企业集成之类的要求。这种应用的意图是使用正确的业务领域专业知识与区块链技术专业知识来推导出一个采用模型，用于罗列并显示障碍、挑战以及确定区块链解决方案的经济可行性因素。

由此获得人工制品和区块链接触的抵押品，既有助于社交活动，也能为那些寻求行政赞助和项目所需资金的企业提供蓝图。在用例识别和确定风险缓解工具以解决业务承诺挑战方面，该方案应该是第一步。

技术风险

技术风险包括选择正确的技术框架、确保我们的选择遵循 IT 风险模型以及使用开放标准以确保技术创新持久，此外，由于社区和行业的广泛参与和采用，可以确保人才运用和技术使用成本更低。技术风险会导致各种成本超支，包括基础框架规划、维护、人才招募以及区块链项目的整体软件开发成本。

风险要素包括 IT 安全风险、信息安全风险，以及劣质架构和设计导致的大量超支成本，还有自然裁员和高级人才引进带来的人才招募困难。

量化风险

量化风险将风险概率和影响转化为可测量的量。在项目环境中，风险值或量计入项目成本或时间估算中作为应变值。因此，项目风险量化与成本以及意外事件的时间进度是分不开的。

量化风险主要是在系统稳定性、基准测试（与行业标准）和市场标准之间进行比较。量化分析会是一项艰巨的任务，尤其是我们第一次创建某种类型的项目时。在这种情况下，由于没有基准测试或其他特定于项目的数据可用，因此这一项目具有很高的风险。

治理、风险管理及法规遵从框架

治理、风险管理和法规遵从是三个相关方面，协助组织放心地实现目标、解决不确定性并确保行动无差错。

各种治理框架之间存在相互依赖关系，因此，缺乏业务管理、风险缓解策略、合规管理和遵守政策、稳健的知识产权（IP）、人才和人事相关政策将引发系统性风险。无论运营效率如何，合规（或不合规）成本、错误的风险缓解策略、知识产权、人才和企业资源管理流程的缺失会使财务模型不稳定。

业务风险

业务风险意味着利润不确定或亏损。将来的一些情况不可预见，一些事件可能会形成风险，导致业务失败。

业务风险包括市场风险、运营风险、财务风险和系统风险，这些风险单独或共同导致区块链驱动的业务网络失败。花时间创建一个适当的业务模型和业务设计是重要的考虑因素，同时，实施治理、风险管理及法规遵从框架和风险建模也不应忽视。

区块链管理与政策

区块链网络操作者必须按照不同模型的政策来实施和定义管理结构。政策框架可以在整个网络范围内，或与特定模型有关，例如投资回报、财务或风险模型。这些政策提供模型风险处理的指南，并为执行分析创建概览图。管理政策可以作为模型风险处理的第一道防线，也可以成为网络运营和成长的障碍。如何平衡管理风险和限制增长环境是至关重要的问题。

风险建模是指确定一个模型并量化风险，然后设计一个可以对风险进行分类和概述的模型。风险建模要求了解各个领域的特定风险，并评估其对整个系统的潜在影响（财务、声誉或系统性影响）。分层风险要素的存在意味着，要评估系统性风险，我们可能需要设计模型风险框架或区块链模型风险架构。在区块链模型风险架构中，企业会被提示使用适当的投入提高盈利能力。此前尚需采用降低合规成本、优化成本、有效利用资本以及提高运营和流程效率等降本增效的措施。如此，收获区块链价值是水到渠成的事。

本章小结

尽管许多区块链项目和网络正在不断涌现，但仍有两大难题不得不面对。一是解决区块链协议的技术的复杂性；二是现存海量框架难觅其中可行者，尽管众多框架声称能解决特定行业的低效问题。一大关键的挑战是先形成有意义可扩展的区块链技术应用的框架，再利用其定义一些标准。尽管这种技术采用的挑战是使区块链为企业服务，不过区块链可以创建全球性平台，启用参与者信任机制，其转型企业的能力仍有潜力超越互联网转型的力量。

区块链网络的目标是创建一个可信任的数字交易网络，该网络可促进价值交换，无须任何代理或人工监视、控制和中介。

这一强大的概念具有巨大的业务意义。

尽管企业、行业和生态系统都了解这种潜力，但区块链驱动的业务网络的变革和颠覆元素以及缺乏被证明有效的业务和财务设计、框架和建模，如今都在阻碍区块链的行业化应用。

行业、联盟和企业必须了解并设计一个框架和一个模型，将各种评估模型、财务和业务结构、风险模型以及治理框架纳入考虑范围，以确保在有效管理风险的同时可以有条不紊、可量化和可测量地部署资源。这些框架的目的应该是务实地评估影响、可行性、风险和精细化技术部署，进而识别价值，然后重点关注各个级别的投资、风险、管理和投资回报率（以行业和子行业为重点）。

该模型框架的目标应为获取价值，为此，首先要进行经济可行的技术部署以创建业务网络、生态系统和数字市场，进而塑造战略意图，同时解决法规和合规性障碍。一旦战略方法、业务设计、财务准则、管理、风险管理及法规遵从框架以及技术敏锐度和人才获取等要素得到正确组合，区块链驱动的业务网络在带来颠覆效应和丰厚利润的同时，必能改变行业和业务。

第八章

前景展望：未来将如何发展？

区块链在这里……一劳永逸。

——杰里·科莫

读到这一点，我们希望看到您迫不及待地帮助您的企业转变为一个区块链企业。借助区块链，我们可以重新构想世界上许多最基本的业务流程，并为我们尚未想象的新型数字交互方式打开大门。如今，区块链正在发挥其潜力，极大地降低跨行业和政府部门完成事务的成本和复杂性。区块链在这里当然是一劳永逸的。“一劳永逸”一词具有双重含义：它意味着区块链不是一时的狂热，它表明区块链为社会传递福利构建信任的基础，即极大地减少困扰数字业务的祸害，包括假冒、数字监视和身份盗用。

到目前为止，我们仅看到了区块链业务转型能力的开端。展望未来，我们将看到区块链效应成倍增长。具体而言，各种网络会将整个生态系统和行业中释放的力量会合到一起，集中爆发产生“网络的网络”效应。我们还将看到与人工智能（AI）、物联网（IOT）和量子计算等与新兴技术息息相关的区块链。在这些情况下，区块链将添加失去的信任元素，加速这些技术的推广采用，同时也将从这些技术传递的独特功能中受益。在最后一章中，我们将研究这些双重影响。

网中之网

每天都有新的实时区块链解决方案投入生产。“实时区块链解决方案”是一个由多个成员组成的区块链网络，每天都有成员在增加区块并交换价值。尽管这些区块链解决方案可能为自己的参与者创造价值，但它们是孤立的。如果各个区块链解决方案仍保持隔离状态，那么该方案将引发一系列问题：将会有多少个解决方案？一个组织需要使用多少个应用程序 / 解决方案来解决其所属的所有网络？但是，如果各个区块链解决方案可以互相操作会怎样？如果将它们连接在一起，会不会产生更多的价值？

纵观当今所有运用，我们看到一种未来，其中区块链技术能够运行网中之网，创造附加价值并进一步重新构想经济、政府、企业以及更多方面一起合作的方式。一个组织的区块链网络用互联的网络的“网”表达时，就会出现区块链经济。这种相互交织的体系结构可能使组织与多个解决方案进行连接和交易，该结构超越了单一网络的边际，并为跨解决方案打开了互操作性市场。本质上，一个组织可能会具有一个应用程序入口点和一个对等点（分类账）（而非这些元素的多重迭代）来与每个网络和相关业务解决方案进行交互。

为了正确看待区块链网络的网络效应的潜在影响，我们看一个涉及一家虚构公司的示例，该公司名为全球农产品供应（GPS）。全球农产品供应是一家产品分销和批发的企业。为了使全球农产品供应与最终客户和合作伙伴互动成功，公司必须确保其产品的安全性和质量，简化其运输 / 分配流程，并向其合作伙伴及时付款。为了满足这些期望，全球农产品供应加入了三个不同的区块链网络，一个用于食品质量和安全，一个用于运输，一个用于贸易融资。这些区块链解决方案分别为全球农产品供应带来价值，但是它们是完全不同的实体，不具备互操作能力。

想一想连接和操作这些网络就可能创造价值，全球农产品供应的网络就形成了。该公司可能使用一种解决方案（由所有三个网络组成）以确保其产品的质量和安全性，为相关的运送流程增加信任、可追溯性和透明度，并使用贸易融资网络与其合作伙伴进行金融交易。这可能会在区块链已经创建的现有价值之上创建额外的价值分层。

如今，各个区块链解决方案正在以前所未有的方式改变行业。但是，当区块链网络和解决方案开始按照全球农产品供应示例中的说明进行互操作时，这些区块链网络可能会释放出更多的当今网络能力无法企及的价值。

2018 年 9 月 14 日，IBM 和海瑟拉（HACERA，企业区块链公司，译者注）迈出了实现这一目标的第一步，也是必要的一步。IBM 加入了 HACERA 的跨区域链注册项目（Unbounded Registry），后者是一种“黄页”目录，使公司能够发现并参与现有的区块链网络和解决方案。注册表中列出的可用网络和解决方案建立在各种区块链框架上，包括超级账本项目之一 Fabric，以太坊，Quorum，R3 Corda，斯特勒（Stellar）等。该注册表继续扩充其日益增加的参与者，其中包括 IBM、甲骨文公司、微软和联盟等供应商以及来自全球的开发人员。我们非常高兴地发现，跨区域注册中心通过许可和非许可的区块链，正在帮助更多的参与者进行公开协作。我们一直鼓励区块链参与者使用此注册表加盟、登记并进行协作。

此流程的下一步是继续释放现有区块链技术的能量，并开始用多种语言互联或分层。为了从区块链解决方案中获得最大价值，每个组织都应考虑各个区块链解决方案如何实现互联。幸运的是，我们不必白费力气做重复工作。

我们考虑一下当今如何使用区块链技术做到这一点。更具体地说，我们看一下基于超级账本项目之一 Fabric 的网络。我们认为 Fabric 网络的对等体和通道组件是实现网中之网真正的动力之源。对等体是去中心化分类账所在的地方，而通道是成员之间的专用子网。组织可能使用其对等体通过通道连接到多个区块链网络，从而释放对等体的力量。这种互联明显降低了复杂性，并优化了组织与不同区块链网络的交互活动。

除了充分利用 Fabric 对等体的功能之外，我们还可以开始在现有的区块链技术中嵌入多语言智能合约功能。值得注意的是，一些区块链框架具有模块化架构，能够支持多种语言来编写智能合约。例如，基于超级账本项目之一 Fabric 构建的网络具有使用以太坊（EVM/Solidity）智能合约的能力。因此，一项解决方案如含有智能合约写在 Solidity 中，该方案于这些网络用户同等有效。这些功能将继续发展，特别是自超级账本和企业以太坊联盟于 2018 年 10 月 1 日宣布建立合作伙伴关系以来。这项合作表明整个区块链社区向前迈出了重大一步。

最后，该组件会将这些区块链网络和解决方案整合起来给一家组织，这就成了一种混搭应用程序。此种方案有望深刻改变组织与区块链网络和解决方案的交互方式，因为这些组织仅要求与一个一致的应用程序编程接口（API）进行交互，而不是与每个网络的应用程序编程接口进行交互。这种混搭应用程序可以包括在数据模型和智能合约中确定的各种功能，但是从根本上讲，它将充当将各种网络连接在一起的黏合剂。由于一个组织不断扩展其对区块链的应用，该架构会使企业相应地扩展规模，并加速创新步伐，使其在行业竞争中立于不败之地。就像云平台为应用程序开发带来了价值一样，诸如 IBM 区块链平台之类的区块链平台将促进这些区块链混搭应用程序的发展和上线运行。

组织和解决方案是网络形成的地方。今天，我们看到了最直接的收益，但是许多解决方案仍然需要大量试验。即便如此，我们仍在接近一个我们所期待的未来，届时一个组织互联解决方案的能力不会将组织及其解决方案限制为单一的网络。我们从一开始就意识到，您不能靠自己做区块链：您需要一个充满活力的社区，一个和志同道合的创新者们组成的生态系统，他们共同致力于帮助公司改变在全球经济中开展业务的方式。区块链技术才刚刚开始挖掘其潜力。但是，如果我们设计用区块链框架和解决方案来互联，则可以释放区块链网络的全部功能，从而形成区块链经济。

作为技术纽带的区块链

区块链会加速采用人工智能、云和物联网等新兴技术，同时引入缺失的信任元素，因为信任是企业全面大规模采用这些技术所必需的。另外，一旦这些技术集成到现代区块链平台和应用程序中，区块链业务网络将获益良多。

区块链与人工智能

区块链和人工智能几乎出现在每位首席信息官的关注清单

上，因为这些改变游戏规则的技术将重塑行业格局。两种技术都具有巨大的优势，但同时也给他们的应用带来了挑战。可以公平地说，围绕这些技术的夸大宣传可能是史无前例的，因此，某些人可能会认为将这两种成分结合在一起的想法是在酝酿IT仙尘（pixie dust）的现代版。同时，又有一种合乎逻辑的方法来考虑这种理性而务实的混搭。

如今，人工智能已成为所有意向和目的的中心化过程。最终用户必须对中央机构具有极端的信心，以产生可信赖的业务成果。经过去中心化人工智能的三个关键要素（即数据、模型和分析），区块链可以传递最终用户通常所需的信任和信心，以便充分采用和依赖基于人工智能（AI）的业务流程。

我们通过将信任引入数据、模型和分析来探讨一下区块链是如何丰富人工智能的。

您的数据就是您的数据

世界上许多最著名的人工智能（AI）技术服务都是中心化的，包括亚马逊、苹果、Facebook、谷歌和IBM，以及中国公司阿里巴巴、百度和腾讯。然而，所有人都遇到了在渴望但又有些谨慎的用户之间建立信任的挑战。企业如何向用户保证其提供的人工智能服务没有超越自己的范围？

想象一下，如果这些人工智能服务能够产生经过第三方验证的“取证报告”，可以毫无疑问地向您证明，一旦这些数据被摄取，企业将如何以及何时使用您的数据。进一步想象一下，只有获得您的许可才能使用您的数据。

区块链分类账可以用作数字版权管理系统，从而可以根据您的条款、条件和期限将您的数据“许可”给人工智能提供商。分类账将充当存取管理系统，用于存储企业可以访问和使用用户数据的证明和许可。

可信的人工智能模型

考虑使用区块链技术作为提供可信数据和机器学习训练模型来源的示例。在这种情况下，我们创建了一个虚拟系统来回答水果是苹果还是橙子的问题。

我们构建的这个问答系统称为“模型”，并且该模型是通过称为“培训”的过程创建的。培训的目的是创建一个准确的模型，大多数情况下都能正确回答我们的问题。当然，对于训练模型，我们需要收集进行训练的数据——在此示例中，可能是水果的颜色（作为光的波长）和糖含量（作为百分比）。借助区块链，您可以跟踪训练数据的来源，并查看证据的审计追踪，从而可以预测为什么某种特定水果被视为苹果而不是橙子。一家企业也可以将水果更频繁地标记为苹果来证明自己不是在“充实”账簿，如果那是两种水果中价格更高的一种。

解释人工智能决策

欧盟通过了一项法律，要求机器做出的任何决定都要易于解释，否则面临的罚款可能使公司损失数十亿美元。2018 年生效的《欧盟通用数据保护条例》（GDPR）包括获得对算法决策解释的权利以及选择退出某些算法决策的权利。

每秒有大量的数据产生——多到人难以做出评价或以之作为结论的依据。但是，人工智能应用程序能够评估大型数据集和许多变量，同时了解或关联与其任务和目标相关的那些变量。由于这个原因，人工智能继续在各个行业和应用中被采用，并且我们越来越依赖于它们的结果。但是，至关重要的是，人工智能所做的任何决定都必须由人验证其准确性。区块链可以帮助澄清这些结果和决策的出处、透明度、理解和解释。如果决策和相关数据点是通过区块链上的交易记录的，那么区块链的固有属性将使审核变得更加简单。区块链是为网络中的交易带来信任的一项关键技术。因此，将区块链融入人工智能决策的过程可能是实现信息透明必要的因素，而信息透明又是充分信任人工智能获得的决策和结果所需要的因素。

区块链与物联网

如今，超过 10 亿的智能互联设备已成为物联网的一部分。数千亿的预期增长，使我们置身于一个起始点——转型将席卷电子行业和许多其他领域。

随着物联网的发展，行业现在能够捕获数据，从数据中获取真知并根据数据做出决策。因此，在获得的信息中有很多“信任”。但是，事情的真相是，我们真的知道这些数据来自何处吗？我们是否应该依据无法验证的数据进行决策和交易？

例如，天气数据是否确实来自大西洋的检查员？运输集装箱真的没有超过约定的温度限制吗？物联网的用例很多，但它们彼此都存在信任问题。

带有区块链的物联网可以为捕获的数据带来真正的信任。其基本思想是在设备创建时为设备提供一个身份，在整个生命周期内使用区块链都可以对身份进行确认和验证。区块链技术能力依靠设备身份协议和信誉系统，这对于物联网系统无疑是巨大的潜力。

使用设备身份协议，每个设备都可以拥有自己的区块链公钥，并将加密的质询和响应消息发送给其他设备，从而确保设备仍然处在其身份控制中。此外，具有身份的设备可以开发声誉功能或由区块链跟踪的历史功能。

智能合约代表了区块链网络的业务逻辑。交易提出时，这些智能合约将在网络设定的指导原则下自主执行。在物联网网络中，智能合约可通过为交易和交互提供自动化协调和授权来发挥关键作用。物联网的初衷是在适当的时候显现数据并获得可行的见解。例如，智能家居已成为当下的先进事物，几乎所有智能家居用品都可以互相连接。实际上，借助物联网，当问题出现时，这些物联网设备甚至可以采取行动——例如订购新零件。我们需要一种方法来管理这些设备所采取的措施，而智能合约是一种很好的方法。

在纽约布鲁克林一项正在进行的实验中，一个社区正在使用区块链记录太阳能的生产，并能够购买额外的可再生能源信用。设备本身具有身份，并通过其记录和交换历史建立声誉。通过区块链，人们可以更轻松地汇总其购买力，分担维护负担，而且信任设备会记录实际的太阳能产量。

随着物联网的不断发展和运用的不断增长，自主管理设备和设备采取行动的能力将至关重要。区块链和智能合约有非常好的定位，可以将这些功能集成到物联网中。

区块链与量子计算

区块链通过其信任度、透明度和安全性正在彻底变革交易和业务网络。量子计算将革新计算能力，并达到数字时代前所未有的程度。但是两者有什么共同点？

区块链通常被吹捧为一种防篡改技术，或者至少是抗篡改技术。首先，这种感觉源于对保证区块链安全性的标准加密功能和共识协议的依赖。这些是相对安全的，因为要破坏它们需要大量的计算资源，而今天这些资源通常不存在。然而，备受吹捧的区块链安全性可能会成为致命弱点：强大的量子计算机要打破现有常规区块链框架中实施的密码保护类型，将是轻而易举的事情。

虽然量子计算机可以破坏目前的区块链，但量子网络安全也可以提供解决方案。量子计算专家，哈德森量子倡议联合创始人伊德利亚·弗里德森（Idalia Friedson）认为，将新兴的量子网络安全分三步结合可以“避免区块链陷入其他系统因新技术而遭淘汰的命运”：

步骤 1 涉及通过添加真正的随机数或所谓的量子密钥来增强现有的加密算法。将量子密钥添加到区块链软件中可提供更高的安全性，以应对非传统计算机和量子计算机的威胁。

步骤 2 涉及开发抗量子算法。美国国家标准技术研究院目前正在审查这些下一代算法的意见书。数学上已经证明了一个名为莱迪思密码的例子可以抵抗量子计算攻击。到目前为止，还没有已知算法可以打破这种编码数据的方法。

步骤 3 涉及使用量子密钥分发硬件，经过对单个粒子上的数据进行编码，将信息从一个点发送到另一点。任何黑客的企图都会被自动切断连接。

量子计算对区块链安全性构成的威胁可能是严重的，但是诸如弗里德森制订和实施量子密钥的三步计划，抗量子算法和量子密钥硬件之类的方法有望阻止这些威胁。如果稍微想得长远一些，区块链可以继续通过防篡改账本提供信任的基础，并扭转量子计算的威胁，从而真正地将安全性提高到更高的水平。

如您所见，区块链通过引入缺失的信任元素来加速采用人工智能和物联网等新兴技术。这些新兴技术一旦集成到现代区块链平台和应用程序中，同样将会使区块链业务网络受益。

我们才刚刚开始见证区块链对业务转型的力量。展望未来，几乎可以肯定，区块链效应将成倍增长。

区块链的机遇与挑战：未来将如何发展？

本书的每一章节都经过精挑细选，以确保业务领导者们能够使用适当深度的内容，有目的地解决更广泛的问题（技术基础和业务模型方面）和应用问题，这两者对基于区块链业务应用和项目技术设计来说都是必需的。作为实践者、思想领袖和业务领导者，我们依靠的是自己的经验，同时，我们回顾了区块链项目进展的挑战，行业和特定企业的视觉下的生产准备状态的挑战以及制定核心区块链（可扩展）网络设计所需的技术敏锐度的挑战，而后者中的网络设计为内置信任的多方交易网络奠定了基础。技术技能、业务模型领导力、区块链系统设计经验、特定行业的区块链分类法、业务模型框架、风险和投资模型以及常见的业务设计模型的严重缺乏一直是我们编写本书的主要动机。

作为区块链社区、行业团体、区块链技术标准机构和思想领袖的活跃成员，我们认为一些复杂的技术问题仍有待解决，例如隐私、机密性、可扩展性以及以网络为中心的编码方法和基础架构管理问题。理想情况下，解决这些挑战将带来一种经济可行的解决方案，并具有可预测的交易成本。这些复杂的技术问题直接影响以区块链为动力的去中心化或准去中心化业务网络的业务设计。其中，业务网络能提供一个利于新价值共创的平台。最终，运行业务网络的业务模型取决于成本的可预测性，经济可行性和新价值的创造，而这些又是基于新业务模型出现的，而此类模型受扁平化的交易网络处理而得以增强。

本书的主题元素有助于确保您完整认识技术基础和图景、业务模型、治理和风险结构以及财务模型，进而完善您的决策标准。合理的决策过程可以包括各种财务的、市场驱动的和行业特定的数据，这些数据都可能会影响您的决策质量。

我们提供的框架和规则能帮助您制定一个简单、可量化且被同行接受的模型，可以促进做出决策。

经验促使我们汇集讨论风险模型、风险模型框架和项目财务模型的章节。我们提供了一个框架，使企业领导者能够采取有条理的方法来理解和量化风险，其中包括各种技术风险，合规风险和特定行业风险。

我们的风险模型框架将风险视为机遇而不是限制因素。该框架着重于区块链成员之间的风险分担以及增加到账本底线的后续机会，为项目财务建模和治理、风险管理及法规遵从框架的传统方法增加了新的视角。

您必须了解行业特定的创新和采用模型，以确保您的组织为参与生产级区块链驱动的业务网络做好准备。我们在技术图景部分中描述信任度划分，以解决基础和技术图景问题，后者对选定用例业务模型有影响（可能是一个行业的细分）。第三章和第四章为技术基础奠定坚实的基础，并揭示了它们对业务模型的持久影响。

我们建议的选择矩阵可以帮助业务领导者选出由业务设计和解决方案设计活动中产生的最佳体系结构。我们描述的投资准则将为企业领导者提供一个框架，以确保明智和审慎地使用企业资源，而我们提出的风险缓解工具旨在确保投资在项目的每个阶段都能达到里程碑式的目标。

我们将技术基础与业务模型联系起来，采用一种技术中立的方法来决定许可和非许可的网络。了解这些类型的网络之间的信任鸿沟，就是了解企业驱动的区块链技术与加密资产驱动的世界之间的鸿沟。前者倾向于许可的区块链而且是主要的转型力量。而后者是无许可的，并且在公共区块链领域多半充当颠覆者角色，其目标是针对每个希望使用区块链来改造和重塑其运营的行业。无论选择哪一方，使用本书所述的工具和框架来理解和区分双方的动机和技术进步对您而言都至关重要。最终，这种创新和接踵而来的业务模型再造将产生改变世界的新经济价值。

除了本书所涵盖主题的范围和背景之外，当前集中管理的世界的差距、低效和其他局限性与业务交易各个方面的完全去中心化管理相比同属于一个范围，理解这一点极其重要。从我们所有参与的事物中，我们已经意识到，由于行业采用与当前（中心化）系统并存的新模型，可接受的颠覆性冲击就介于两个极端之间。向完全去中心化或准去中心化的模型转型，必须是一个渐进的过程，以降低风险并考虑到业务网络的文化元素。通往完全去中心化的路不是一条平坦的路。概念验证和试点形式的转型项目由行业领导者和联盟实施，代表着理解技术、信任和交易风险的不懈努力，最终它们过渡到一个完全去中心化的世界。从中心化到完全去中心化的过程是有趣的，创新正在阵营的两边孵化中。

我们希望阅读本书有关区块链技术项目的业务运用挑战方面，是一次有趣的、信息丰富又有教育意义的旅程，还有挑战和运用指导方面的整体业务视角。这个项目对我们来说是一个有趣的项目，因为区块链技术领域的变化和演进速度很快。新兴的业务模型和全行业转型的期望创建了一个激动人心的大竞技场。这个目标明确、活力不断的舞台反过来使我们有动力一边创新和应用创新来解决颠覆性冲击问题和行业转型问题，一边继续在理解区块链技术潜力的道路上前行。本书提供了强大的业务模型基础所需的基本知识，以及区块链业务设计和业务蓝图某些核心元素的深度洞见。

全书总结

在本书中，您学习了构建成功的区块链网络所需的全部知识。在构建区块链时，回顾一下每章所学到的内容以及设想对您的未来前景会很有帮助。

第二章“机遇和挑战”概述了区块链提供的机会，以及您必须考虑从这些机会中受益时所面临的挑战。区块链具有转型力，自然带来了新的机遇，例如分布式组织结构、可信赖的业务模型和去中心化的生态系统。许多行业可以利用这些机会，例如银行和金融市场、保险、医疗保健、零售和消费品，政府、媒体和娱乐、汽车以及旅行和运输。但是这些机遇总是伴随着一系列挑战，包括设置区块链网络的范围，收集并利用动力因素来构建网络，建立治理结构来管理网络以及获得使它在实地运行的技术。尽管区块链是一项颠覆性技术，在区块链改变行业格局时，需要转变您的业务方式，但只有正确的范围、动机和治理结构三大要素准备就绪，您才能驾驭这波格局变化的浪潮，您可以做的远非困境中求生存：您可以发挥并获得市场竞争优势。

您已经看到了创建区块链网络所涉及的机遇和挑战，但是构建该网络的实际环境是什么？第三章“了解技术形势”探索了形势，并描述了您有望解决的环境和技术。在企业区块链网络中，使用许可网络可以确保经您允许加入区块链网的人才有访问权限。第三章还讨论了构建网络的成本（如果正确实施该网络将获得极高的投资回报），以及预期的使用寿命。最重要的是，您了解了区块链生成加密资产（代币）并最终从中获得价值的过程。这些资产必须得到保护，并用于网络发展，然后产生不断增长的价值。

理解这个话题是至关重要的。您必须对区块链网络的所有技术方面都有出色的领悟，以确保网络可以轻松快速地适应其带来的颠覆性冲击。扎实的技术基础确保区块链的稳步发展。

为了充分利用您的企业区块链网络，您必须为您的业务和行业选择正确的模型。您想要使用的模型能提供最经济的激励机制来加盟一个区块链，例如用此网络创造比单一网络更多的价值，并且这种模型最适合您的业务和行业。这种正确的模型还将使区块链网络过渡阶段轻松简单，并使您能够最大限度地利用区块链的颠覆效应。在许多可行的业务模型中，有合资企业、联盟、新公司、商业生态系统、建立—拥有—经营或由创始人领导的网络，以及建立—拥有—经营—转让或建立联盟领导的网络。所有这些信息以及更多信息参见第四章“关于商业模式”。

除了了解区块链技术之外，选择模式也许是您运用区块链时最重要的决策。一个模式只有非常适合您的业务和行业，才能更易于实施并获得最佳的投资回报。相反，一个不适用的模式不仅不会产生价值，而且实际上会降低价值。因此，当务之急是为合适的业务找到合适的模式。

在这一点上，您应该为您的区块链网络建立和准备实施一个模式。您要做的第一件事就是建立管理结构，以确保您和生态系统合作伙伴对区块链网络有共同的愿景和目标。有了管理结构，生态系统合作伙伴将知道其区块链网络是如何管理的。第五章“搞定区块链网络的管理结构”介绍了如何建立管理结构，该结构满足特定行业的要求，并确保业务模型与技术蓝图之间的紧密联系。通用的管理结构一经采用，所有参与者都遵循一套共同的目标，公平和公正地使用网络资源以及参与规则。

管理可确保区块链网络平稳高效地运行并产生最大价值。良好的管理结构意味着平庸的区块链网络与优势和有利可图的网络之间存在差异。因此，除了拥有适用于您的区块链的正确技术和模型之外，您还必须拥有一个能很好地管理它的基础架构。

创建区块链不是一项单方面的工作。要构建成功的区块链，您必须召集一个专家团队，由他们在网络创建中承担各种角色，各司其职。您需要一个由高层角色组成的企业级团队，例如网络的创始人、成员、操作者和用户。然后，您需要这些同一战壕的伙伴深入参与到网络建设中来，例如指导委员会成员、项目经理、区块链顾问、工程师以及许多其他角色。所有这些专家都依据企业间协同的概念进行合作，其中每个专家都被授权担任去中心化的权威，在更大的网络中拥有很多自治权。第六章“建立起推动区块链项目的团队”描述了这些团队成员及其角色。

与选择正确的技术、模式和管理结构一样，您需要选择正确的人充当区块链构建过程中的各种角色。每个团队成员都应该是其所在领域的专家，并具有在其角色范围内做出决策的自主权和权限，此外不再有其他权限。您不会希望一个团队成员冒犯另一个角色并扰乱或破坏该角色的工作。

在阅读本书的过程中，您了解了许多围绕区块链技术复杂性的挑战。其中一个挑战是当今可用的众多财务模型，投资准则和框架（旨在以最高效率扩展区块链网络的结构）。您选择哪一个？第七章“理解财务模型、投资准则和模式风险框架”为确定最适合您的网络要素提供了指导。本章经验有助于确保有条不紊，可量化和可衡量地部署资源，同时有效地、全面地管理风险。如果战略方法，业务设计，财务准则，风险管理及法规遵从框架以及对技术敏锐度和合适人才的获取等方方面面能正确组合，区块链驱动的业务网络可以在受颠覆性冲击又获得丰厚利润的同时推动行业和业务转型。

如果不使用正确的工具，则很难在确保最佳部署资源的同时管理风险。在构建和实施区块链网络时，必须确保您的财务模型、投资规则和风险架构为您的业务和行业提供最佳风险和回报率。请仔细考虑要使用哪些工具。

建立区块链网络并非易事，但如果您使用从阅读本书中学到的知识，则可以建立一个可以产生社会公益，促进企业和行业之间合作的网络，使所有参与者受益，并为您的业务创造巨大价值。现在是时候利用这一新型颠覆性技术，它将在未来许多年内改变业务格局。

版权登记号：01-2020-6180

图书在版编目（CIP）数据

商用区块链 /（美）贾伊·辛格·艾冉 （美）杰里·科莫 （美）尼丁·高尔著；薛亮，凌珊译．—北京：现代出版社，2021.1

ISBN 978-7-5143-8904-3

Ⅰ．①商… Ⅱ．①贾… ②杰… ③尼… ④薛… ⑤凌… Ⅲ．①区块链技术 Ⅳ．①F713.361.3

中国版本图书馆 CIP 数据核字（2020）第 225395 号

商用区块链

作　　者：[美]贾伊·辛格·艾冉 [美]杰里·科莫 [美]尼丁·高尔
译　　者：薛 亮 凌 珊
策划编辑：王传丽
责任编辑：张 瑾 肖君澜
出版发行：现代出版社
通信地址：北京市安定门外安华里 504 号
邮政编码：100011
电　　话：010-64267325 64245264（传真）
网　　址：www.1980xd.com
电子邮箱：xiandai@vip.sina.com
印　　刷：三河市南阳印刷有限公司
字　　数：142 千字
开　　本：880mm×1230mm 1/32　　印　　张：7.5
版　　次：2021 年 1 月第 1 版　　印　　次：2021 年 1 月第 1 次印刷
书　　号：ISBN 978-7-5143-8904-3
定　　价：49.80元